コロナ時代の

# 選挙漫遊記

畠山理仁

集英社

# コロナ時代の選挙漫遊記

畠山理仁

集英社

## はじめに

読書は「安心・安全」な旅である。

書籍の中の世界なら、誰もが全国を自由自在に飛び回れる。いくら各地の選挙を観戦しても、新型コロナウイルスに感染することはない。まずは感染リスクに怯える日々から自分を解放し、肩の力を抜いてほしい。そして、お茶でも飲みながら、書籍の世界を自由に漫遊してほしい。

この本は、世にも珍しい「選挙エッセイ」だ。そのため、話題の入り口は選挙や政治がテーマになっている。しかし、難しく考える必要はまったくない。舞台がたまたま選挙なだけで、書かれているのは「多種多様な人々の営み」だ。みなさんにはぜひ、私が気ままに訪ね歩いてきた選挙戦を「純粋な人間ドラマ」として楽しんでもらいたい。

私が全国各地の選挙を取材するようになってから、もう20年以上が経過した。その間に訪ねた選挙の多くは、私自身が一票を投じる権利を持たない「よその選挙」だった。

最初は記者としての仕事で全国を回っていた。ところがいつの間にか、マスメディアでは仕事にならないような選挙にも勝手にお邪魔するようになった。

それはなぜか。

選挙の現場に「ハズレ」がないことを知ってしまったからだ。

世の中に同じ選挙は二つとない。どこへ行っても毎回違った何かが起きる。面白い人や信じられない場面に出くわす。全国には、その土地でしか出会えない宝があちこちにある。

私はこれまで各地の選挙を漫遊して「手ぶら」で帰ってきたことが一度もない。必ず何らかの学びがある。人生の宝となるような発見を、毎回、お土産として持ち帰っている。

仕事に結びつかず、経済的には赤字となることも多かった。しかし、心の収支はいつも黒字だ。

選挙の現場で得た経験は、自分自身が投票する権利を持つ選挙においても役立った。一番大きな教訓は「投票する前にすべての候補者を実際に見たほうがいい」というものだ。

選挙の投票先を選ぶ際、多くの有権者は生身の候補者を見ずに投票している。すべての候補者に会う人もほとんどいない。しかし、実際に候補者に会ってみると、選挙公報や選挙ポスターで見た印象とは大きく異なることが少なくない。マスメディアが伝えるイメージだけで投票してしまうと、選挙結果が出た後に悔やむ可能性が高くなる。私はそのことを経験から学んだ。

一方で、生身の候補者に触れておけば失敗は少なくてすむ。人間は同じ場所にいるだけで、多くの情報を受け取れるからだ。直感も働く。できるだけ多くの候補者を見ておけば、誰が当選人としてふさわしい人物なのかを比較検討できる。それが選挙の「安心・安全」を担保する秘訣である。

本書を手に取ってくれたみなさんには、「選挙は返品不可能な高額商品を見定める機会」だと考えてほしい。政治家の任期は4年から6年もある。その品定めをする時に、「近寄らないでください。実物はお見せできません。商品の仕様は私どもが用意したカタログをご参照ください。お客様が見たいと思う角度からは、絶対に見ることはできません」と言われたらどう思うだろうか。

私は悩む。実物を見るまでは決断できない。だからこれまでも多くの候補者に会ってきた。そして、会おうと思えば自由に会うことができていた。

しかし、そんな幸せな状況に大きな変化が起きた。2020年初頭から、日本全国に新型コロナウイルス感染症が急拡大したからだ。何度も繰り返される緊急事態宣言により、都道府県境をまたぐ移動は自粛を求められた。人が集まるイベントや集会も自粛を余儀なくされた。外出制限も要請され、人と人との接触機会は大幅に減らされた。そうした社会情勢の変化とともに、選挙のあり方も大きく変わってきた。

コロナ時代の選挙を一言で表せば「顔の見えない選挙」である。

多くの候補者がマスクをして演説するようになった。聴衆もマスクをつけている。密集、密接、密閉の「三密」を避けるため、室内での演説会や集会、街頭演説の機会やそれを聞く聴衆も減った。会話も減った。演説終了後の握手もしない。街頭での選挙運動をまったくしない現職候補も出現した。「人が集まらないように」という理由で、街頭演説場所を事前告知しない候補者も出てきた。

本来、選挙は候補者と有権者がコミュニケーションを取る絶好の機会だ。それなのに、候補者本人に会いたいと思っても、なかなか会えない時代になってしまった。

そうした苦境の中、進化の兆しも見えている。物理的な接触をせずに情報交換ができるインターネットを活用し、有権者により多くの情報を提供しようという流れが生まれている。

多くの候補者がＳＮＳを通じて自身の考えや政策を発信するようになった。オンラインでの対話集会により、候補者と直接意見交換できる機会も増えた。新しい技術を取り入れることで間口が広がり、従来よりも候補者と有権者の距離が近づいた面もある。

それでも私は自分の目で候補者を見てほしいと思っている。有権者の厳しい監視の目、批判の声は絶対に必要だ。有権者の愛がこもった見守りは、候補者を確実に成長させるからだ。

本書には、選挙を楽しむためのヒントを数多く散りばめた。いまのコロナ禍が落ち着いた暁には、ぜひ、みなさんも選挙漫遊の旅に出てほしい。選挙の現場には必ず素晴らしい出会いがある。私も全国の選挙現場で、みなさんとお会いできる日を楽しみにしている。

この夢が実現するかどうかは、みなさんの一票にかかっている。政治の行方を決めるのは、あなたの一票だからだ。まずはあなたが選挙に行かなきゃ始まらない。がんばろう、有権者！

目次

はじめに 2

選挙漫遊記1 熊本県知事選挙 9

選挙漫遊記2 衆議院静岡県4区補欠選挙 29

選挙漫遊記3 東京都知事選挙 47

選挙漫遊記4 鹿児島県知事選挙 87

選挙漫遊記5 富山県知事選挙 99

選挙漫遊記6 大阪市住民投票 121

選挙漫遊記7 古河市長選挙 129

選挙漫遊記8 戸田市議会議員選挙 143
選挙漫遊記9 千葉県知事選挙 171
選挙漫遊記10 名古屋市長選挙 185
選挙漫遊記11 参議院広島県選出議員再選挙 219
選挙漫遊記12 静岡県知事選挙 241
選挙漫遊記13 東京都議会議員選挙 259
選挙漫遊記14 兵庫県知事選挙 269
選挙漫遊記15 横浜市長選挙 281
あとがき 302

・この本は、集英社のウェブメディア「よみタイ」の連載「アラフォーから楽しむ選挙漫遊記」（2020年3月～2021年8月配信分）よりセレクトし、大幅に加筆・修正したものです。
・本文中は敬称略。また人物の肩書、政党名などは各章の投開票日のものを使用しています。

選挙漫遊記

# 1

NHKの出口調査も

有権者との握手もなし？

# 熊本県知事選挙

（2020年3月22日投開票）

## 新型コロナの対応は「みなさんの選択」

私たちは今、困った事態に直面している。世界的に広がる新型コロナウイルスだ。しかも、この不測の事態に直面する政治の対応は、私たちをさらなる混乱に陥れている。

２０２０年２月27日、安倍晋三《あべしんぞう》首相は新型コロナウイルス感染症対策本部で驚きの発言をした。

「全国全ての小学校、中学校、高校、特別支援学校に、３月２日から春休みまで臨時休業を行うよう要請する」

あまりにも突然すぎて、腰を抜かした人も多かったのではないか。

急に子どもの学校が休校になったことで、仕事を休むなどの対応を迫られた人もいた。子どもがいなくても、急に休みを取った同僚のカバーに回った人もいた。なによりも、各自治体のトップからは次々と戸惑いの声が上がった。

なぜなら安倍首相が休校要請を表明するわずか２日前、文部科学省が「休校の判断は自治体に委ねる」と通知したばかりだったからだ。各自治体はそれを前提に対応を考えていたのに、いきなりちゃぶ台をひっくり返される形となった。熊谷俊人《くまがいとしひと》千葉市長は突然の休校要請に「社会が崩壊しかねません」とツイッターで批判するほどだった。根回しも準備期間もない安倍首相の「政治決断」は、社会に大きな混乱を招いてしまった。

あらためて意識してほしい。そうした政治決断をする政治家を選んだのは、有権者のみなさんだ。投票に行った人も、投票に行っていない人も、必ず政治の影響を受ける。無関心でいるのは個人の自由だが、誰もが政治の影響から逃れることはできない。被害者であると同時に加害者でもある。このコロナ危機をきっかけに、「政治に無関心でいられても、政治と無関係ではいられない」という先人の言葉を深く胸に刻んでほしい。

もちろん、安倍首相の政治決断を評価する人もいる。一方で、評価しない人もいる。それは個人の選択だから自由だ。しかし、もし、選挙の結果が違っていれば、「政治決断」の方向性が違っていた可能性がある。

残念なことに、現在進行形の政治に「もし」はない。直近の選挙で選ばれた政治家たちが不測の事態に対応する。次の選挙があるまではメンバーを変えられない。もし、別の人が政治を担当していたら、もっとひどい結果になっていた可能性もある。社会の行方を方向づけるのは、選挙の際に投じられたみなさんの一票であり、捨てられた一票だ。選挙に行かなかったことを後悔しても、取り返しがつかない。あとのまつりだ。

政治は「国民の生命」に関わる。それでもみなさんは「選挙なんて行かない」と気軽に言えるのだろうか。

## 新型コロナでも延期されない熊本県知事選挙

安倍首相の「臨時休校要請」により、日本社会は「自粛ムード」に包まれた。屋内で行われるコンサートやライブは軒並み中止になった。3月10日になると、安倍首相は大規模イベントなどの開催について、「今後10日間程度の自粛」を継続するよう求めた。春の選抜高校野球も中止になった。

しかし、こうした状況の中でも中止されず、予定通り実施された大イベントがあった。

3月5日告示・3月22日投開票の熊本県知事選挙だ。

もちろん、通常の選挙とは大きく様相が異なる。新型コロナウイルスの感染拡大を受け、選挙の風物詩である演説会、とくに屋内での集会開催が難しくなってしまったからだ。

現職の蒲島郁夫《かばしまいくお》は、知事として新型コロナウイルス対策に全力で取り組んでいることを理由に「選挙期間中も公務に専念」することを自身の公式サイトで発表した。政策や実績については「ホームページによる発信、選挙公報や政見放送など」で伝えるとし、「選挙カーは使わない」ことも表明した。つまり、有権者は選挙期間中に生身の蒲島にまったく会えなかった。こんな選挙はなかなかない。

一方、新人である前熊本市長の幸山政史《こうやませいし》は選挙告示前の2月25日、県選挙管理委員会に対して「選挙の延期」を申し入れていた。これは熊本県が2月21日に「不特定多数が集まる屋内での主催行事を3月末まで原則延期または中止する」と発表したことが背景にある。

もし、屋内での個人演説会が開催できなければ、有権者に情報が十分に行き届かない。挑戦する立場の新人にとっては厳しい状況だ。選挙では有権者に自身の考えを伝える機会が多ければ多いほどいい。逆に言えば、その機会が少なければ立候補の事実すら有権者には伝わらない。通常の選挙でも「え？　今って選挙期間中なんですか？」と言い放つ有権者は確実に存在するからだ。それも1人や2人ではない。信じられないかもしれないが、世の中には選挙があることを本当に知らない人がたくさんいる。選挙があることを知っていても、「自分には関係がない」と思っている人もこれまたたくさんいる。それが長年選挙の取材をしてきた私の実感だ。政治を良くするためには、選挙というイベントへの参加人口を広げる取り組みを気長にやっていく必要がある。

公職選挙法には「天災その他避けることのできない事故」の場合など、投票期日を延期する「繰延投票」の規定がある。また、阪神・淡路大震災、東日本大震災の際には、臨時特例法によって選挙期日が延期された例もある。選挙の延期は現行憲法下でも、まったく不可能なわけではない。

しかし、２０２０年の熊本県知事選挙は延期されず、当初の予定通り行われた。

候補者による街頭演説や個人演説会はライブであり、選挙の華だ。演説会場には多種多様な人々が集まる。偶然通りがかる人もいれば、応援や批判のために集まる人たちもいる。だから、必ずと言っていいほど予想外の出来事が起きる。そうした「不測の事態」が起きた時、候補者の思わぬ素顔が見られる。

たとえば、私が以前に取材した2017年衆議院議員総選挙ではこんなことがあった。信じられないかもしれないが、街頭演説の予定を何度問い合わせても教えてくれない候補者がいたのだ。無名の候補者ではない。自民党の現職・石原宏高《いしはらひろたか》衆議院議員だ。

知り合いの記者数人にも聞いてみたが、私と同じように「予定を教えてもらえない」と言っていた。一方で、予定を教えてもらえる記者もいた。つまり、石原事務所は記者をあらかじめ選別していた。私のようなフリーランスの記者どころか、新聞記者であっても教える記者と教えない記者とに分かれていた。

もし、予定をすんなり教えてもらえていたら、会いに行かなかったかもしれない。だが、隠されると逆に会いたくなる。障害があればあるほど愛が盛り上がるのに似ている。だから私はあらゆるネットワークを駆使して、石原の街頭演説場所を突き止めることに執着した。そして、実際に突き止めた。

開始予定時間前に会場の駅前に着くと、応援演説に来る上川陽子《かみかわようこ》法務相を警護するSPの姿があちこちで見られた。ここで間違いないはずだ。私は事実確認のため、現場から石原事務所に電話をして「石原さんはこれからどこで演説するのですか」と聞いた。すると、驚くべきことに事務所のスタッフは私にこう言った。

「あ～、まだ予定は決まっていませんね」

思い切り嘘をつかれている。演説会場は石原事務所の目の前だ。電話をしている間にも、石原事務所からは人がわらわらと出てきて演説会場に向かっている。

さすがにこの嘘はひどすぎる。現職大臣が応援に入る街頭演説の予定が決まっていないはずがない。

演説終了後、私が石原に「どうして遊説予定を隠すのですか」と話しかけると、彼は脱兎のごとく走って逃げ、エレベーターに乗り込んでしまった。こんな逃げ方があるのか。その場に残された事務所のスタッフに抗議をしたら「そのまま書いていただいてかまわない」と言われた。私が「現場でいろんな角度から生身の候補者を見たほうがいい」と言い続けているのは、こういうことがあるからだ。

しかし、今は新型コロナウイルスにより、現場で直接候補者を見ることが難しくなっている。人混みはなるべく避けようという空気が蔓延している。実際にはそれほど人混みができないにもかかわらず、だ。

安心してほしい。選挙の現場はそこまで人気がない。実際の街頭演説で人混みができることはほとんどない。屋外であれば、自分の判断で適切な距離を取ることができる。身動きが取れなくなることもほとんどない。聞くも自由、離脱も自由だ。こんなにオープンで自由な空間なのに、多くの人が見逃している。私はきわめてもったいないことだと思っている。

話を熊本県知事選挙に戻そう。新人の幸山は県内を選挙カーで遊説して回っていたが、有権者との握手は自粛していた。告示日のニュース映像を見ると、出発式では手を触れ合わないでポーズだけの「エア・ハイタッチ」をしていた。

幸いなことに、日本では２０１３年４月に公職選挙法が改正され、インターネットによる選挙運動が解禁されている。そのため屋内での集会が自粛されても、候補者がインターネットを通じて有権者に訴える機会はある程度確保されている。

この選挙制度改革を決断したのも政治だ。つまり、政治がやろうと思えば変えられる。今回の新型コロナウイルスをきっかけに、そろそろ「災害時でも便利に投票できる仕組み」を考える時期にきているのではないだろうか。

たとえば「インターネット投票」はどうだろう。不特定多数が集まる屋内の投票所に足を運ぶ必要がなくなれば、感染のリスクは減る。外出が困難な人も、貴重な一票を投じられる。新型コロナにおびえて貴重な一票を捨てる判断をしなくていい人が増えるのではないだろうか。

もちろん、インターネット投票には「本人確認をどうするか」「投票の秘密をどう確保するか」「脅迫して投票させられるおそれはないか」などの課題もある。しかし、世界を見れば、エストニアのように、インターネット投票を実現した国はある。エストニアでは、全員がインターネット投票をするのではなく、紙で投票することもできる。また、投票締め切り前に、紙の投票用紙やインターネット投票で投票先を訂正することもできる。世界の先行事例から学べることはたくさんある。

もし、日本でもインターネット投票が可能になれば、投票方法の選択肢は広がるはずだ。現在は投票率が低い在外邦人も、海外から簡単に投票できるようになる。有権者が一票を捨てずに済む仕組みを作ることは、民主主義社会にとって決して悪いことではない。投票率の低下が叫ばれて久しいのだから、そろそろ具体的な方策を政治には考えてもらいたい。

検討するか、しないか。やるか、やらないか。そうした政治の行方を決めるのも、みなさんが選挙に行くかどうかにかかっている。私はどうしてもみなさんには投票に行ってほしい。

## ほぼ無観客の街頭演説と「エア・ハイタッチ」

２０２０年春の段階で、新型コロナウイルスの感染者数は日に日に増え、亡くなる方が増えていった。院内感染も発生した。感染経路のわからない人も多く出た。全世界に感染が広がることで、感染力の強い変異株も出現した。すぐに症状が改善される安全な特効薬もないため、コロナ騒動はしばらく収まりそうにない。

しかし、それでも選挙は延期されない。そのため、この先も日本各地では「新型コロナウイルス

「警戒下での選挙」が続くことになる。私が熊本県知事選挙の現場を訪れたのは、この選挙がコロナ禍で初めて行われる大型選挙だったからだ。これを記録することは、先行事例として大きな意味がある。

前述したとおり、4選を目指す現職の蒲島郁夫は新型コロナウイルス対応で知事の公務に専念するため、まったく選挙運動をしていなかった。一方、新人の幸山政史は屋内での集会は行わないものの、県内各地を遊説して回っていた。選挙戦最終日も終日遊説する予定だという。つまり、熊本に行けば、少なくとも街頭演説をしている幸山には会える。蒲島の政見放送も、熊本に行けばテレビで見ることができる。選挙事務所はあるのだから、なんらかの「空気」を知ることはできる。

コロナ禍の影響かもしれない。朝一番に羽田から熊本へと向かう飛行機は空いていた。阿蘇くまもと空港でレンタカーを借り、さっそく幸山の街頭演説が予定される県営東町団地に直行した。

現場には予定の20分前に着いた。普通の選挙時なら支援者が待っていてもおかしくない。しかし、このときはまったく人影が見当たらなかった。

団地が広いから場所を間違えたのだろうか。予定よりも早く演説を終えてしまったのだろうか。不安になってレンタカーで団地周辺をぐるぐる回ると、団地の近くにあるコンビニエンスストアの駐車場で、黄緑色のジャンパーを着た10人ほどの集団を見つけた。半分ぐらいの人がマスクを着けている。幸山陣営だ。

駐車場から団地に向かう集団の後ろをついていくと、団地内のバス停前で政策ビラを配る準備を始めている。どうやらここで街頭演説が行われるらしい。

私が車を降りてカメラの準備を進めると、すぐに選挙カーと候補者がやってきた。私の他にはテレビカメラが1台。だが、聴衆は増えない。通りかかる人もいないから、ビラもはけない。

それでも幸山がマイクを握って演説を始めると、ようやくベランダに出て演説を聞く人の姿を見つけた。玄関から出て、バス停のベンチに座って聞く人もいた。しかし、残念ながら姿を見せたのは数人だ。人数でいうと、聴衆よりも明らかにスタッフのほうが多い。

「県政を変えることができるのは、私たち一人ひとり、県民一人ひとりであります！」

幸山の演説は、現職の蒲島が掲げる「創造的復興」に疑問を呈し、未来への責任を訴える熱いものだった。しかし、演説に呼応する「そうだー！」という合いの手が入らない。ほぼ無観客の街頭演説は、いくら内容が良くても盛り上がりに欠けた。選挙では聴衆も大切な役割を担っていることを痛感した。

20分ほどの演説を終えると、幸山は団地から出てきた数人のもとに駆け寄った。しかし、有権者とは接触しない。微妙な距離を取る。

候補者と聴衆は手と手の距離を30センチほど離した位置で、決して接触しない「エア・ハイタッチ」をする。候補者は猛ダッシュをして有権者のもとに駆け寄るが、距離を取って急ブレーキをかける。おもわず握手しそうになっても、お互い触れ合わないように気をつかう。

腫れ物に触らない感じ、と言えば伝わるだろうか。お互いに感染のリスクを下げなければという意識が強くあるため、どこかぎこちない。幸山は自分の手と手を合わせて拝むような形で挨拶を済ませ、車で次の遊説先へと向かった。

## 石原元都知事を超える「選挙運動ゼロ」

いったん幸山の街宣から離脱して、蒲島の選挙事務所を訪ねてみた。事務所の横には大きな看板とのぼり旗が掲げられていた。道路側はガラス張りだが、外から事務所の中の様子は見えない。中の様子が見えないから、ちょっと近寄りがたい雰囲気がある。

入り口に置かれたアルコール消毒用のポンプで手を消毒してから声をかけると、「相談役」の名刺を持った村田信一《むらたしんいち》が対応してくれた。

事務所の中は、いわゆる選挙事務所のつくりと変わらない。壁面いっぱいに候補者の勝利を願う「為書《ためが》き」や推薦状が貼られている。道路に面したガラスの内側も埋めるので、外からは中が見えない。室内には応接用の長テーブルとパイプ椅子があり、神棚も設けられている。ただし、通常の事務所とは大きく違う点があった。私の他にはお客さんが一人もいないのだ。

「今回は候補者本人が選挙運動をしないという大きな決断をしました。出陣式もない。選挙カーも準備はしましたが、一切走らせていません。幻の選挙カーです。選管から受け取る『選挙の7つ道具』のうち、使ったのは選挙事務所の標札だけです。候補者は選挙中に一度もマイクを握っていません」(村田)

現職の候補者がこんなに思い切ったことをするのは、おそらく初めてのことだろう。

私はかつて、似たような「自粛ムード」の選挙を取材したことがある。2011年3月24日告示・4月10日投開票の日程で行われた東京都知事選挙だ。

当時、4選を目指していた石原慎太郎《いしはらしんたろう》もほとんど選挙運動を行わなかった。同年3月11日に発生した東日本大震災と東京電力福島第一原子力発電所事故により、都知事選全体が「自粛ムード」に包まれていたからだ。

この時、現職の石原は震災対応のため、知事としての公務を優先していた。しかし、それでも最終日には一度だけ防災服姿で街頭演説をした。その結果、石原は見事4選を果たした。

今回、蒲島はこの時の石原を超えた。本当に「街頭での選挙運動ゼロ」で選挙戦を終えたのだ。

「にぎやかな遊説がなくなったのは異例中の異例ですが、やむをえません。情報発信はテレビでの政見放送や選挙公報、政策ビラ、ウェブサイトにアップする動画やSNSで行っています。〝御大将《おんたいしょう》(候補者)〟がいない戦いなので、陣営の危機感は強いです。だからみんなが一生懸命、声がけ

や電話かけをしています。そういう意味では、周囲はいつもより盛り上がっていますね」（村田）

通常の選挙では、開票日の夜に結果が判明すると、候補者は支援者の前で挨拶をする。勝った候補はバンザイ、負けた候補は敗戦の弁を述べる。今回はどうするのかと聞くと、耳を疑う答えが返ってきた。

「今回はＮＨＫさんが出口調査をしないと聞いているので、大勢が判明するのが何時になるのかわかりません」

え！　ＮＨＫが出口調査をしない!?　そんなことがあるのか。新型コロナウイルスが選挙に与えた影響は計り知れない。

「ただ、民放さんは出口調査をされるそうなので、結果が判明したら何らかの挨拶はします。その場合は室内ではなく、屋外の駐車場で短くやる予定です。ただ、明日の夜の天気は雨の予報なんですよね……」

屋外の会場も、椅子と椅子の間隔を１・５メートル以上開けるなどの配慮がされていた。集会時間も極力短縮。来場者の数も事前に絞り、最小限度に抑えるのだという。

新型コロナウイルスは、これまでの選挙とは違う戦い方を両陣営に強いていた。

## 「握った手の数しか票は出ない」のに……

蒲島事務所を辞去した後、ふたたび幸山の遊説を追いかけた。最終日、19時台の予定は繁華街の2ヶ所。1ヶ所目を終えた後は商店街のアーケードを練り歩いて最終演説場所に向かう予定だという。

市内の商店街を練り歩く幸山（写真中央）。有権者と距離をとっての選挙戦となった。

選挙戦最終日の最終盤ということもあり、1ヶ所目から多くの人が集まった。マスクをしている人もいれば、していない人もいる。マスクをしたくても、手に入らない人もいた。

しかし、団地と違って聴衆も多いため、演説の途中で「こうやま〜!」と掛け声がかかったり、幸山コールが起きたりして大いに盛り上がる。ようやく選挙の現場にやってきた気がする。やっぱり現場に来てよかった。

1ヶ所目を終えると、最終演説の場所までは候補者と支援者が一緒に歩いて向かう。大きな人波だ。候補者を見つけた有権者が手を振ると、幸山が駆け寄っていく。しかし、ここでも接触はしない。どこまでもエア・ハイタッチで、お互いに物足りなさそうに顔を見合わせる。

ところが、選挙運動の残り時間が少なくなると、急激に候補者と支援者の距離が縮まっていくのがわかった。みんな一生懸命応援しているから、興奮してどんどん距離が近くなるのだ。

あ！

これまでは頑《かたく》なにエア・ハイタッチを貫いていた幸山だったが、最後はついに支援者と手を合わせた。最初は片手で軽くタッチした。それがだんだん両手になる。それを見て、今度は他の支援者が握手を求める。それに候補者が応じると、また別の支援者が握手を求める。片手のタッチがだんだん握手になり、最後には両手のがっちりした握手になっていた。エア・ハイタッチはどこへいった。大丈夫なのか。

しかし、選挙には「握った手の数しか票は出ない」という格言もある。候補者に「握手するな」というほうが無理なのだ。今回、蒲島陣営が街頭での選挙運動を一切しなかった理由の一つも、「候補者本人が街頭に出たら、どうしても人が集まってしまう」というものだった。こうしたリスクや無用な心配を避けるためにも、やはり、選挙は延期したほうがよかったのではないか。

選挙なのに有権者と触れ合えない。これは候補者にとって死活問題だ。実際、蒲島は選挙運動ゼロの知事選を振り返り、「非常にストレスであり不安であった」と語っていた。このような状況で選挙を迎えることになった候補者、そして熊本県民のみなさんに心から同情する。

## 本当に「無駄な選挙」だったのか

翌日の投開票日、私は19時半頃に蒲島郁夫の選挙事務所を訪ねた。地元メディアの動きを見る限り、明らかに蒲島が優勢に見えたからだ。

投票箱が閉まる5分前になると、外の駐車場で待っていた50人ほどの支援者が選挙事務所に入り、テレビの前に集まった。この頃、街中ではマスクの供給が不足してなかなか手に入らない状況だったが、蒲島事務所の入り口ではマスクが配られていた。あるところにはある。5分前まで事務所の中に人を入れなかったのは、室内に集まる時間を極力短くし、感染リスクを低くしようという配慮だった。

20時になると、地元テレビ局が「蒲島氏当選確実」の第一報を打った。いわゆる「ゼロ打ち」（出口調査や情勢調査の結果から、開票がゼロ票の段階で当確を打つこと）だ。

それを受けて事務所内でマスクをした大人たちが「ウォ〜」と歓声を上げる。しかし、すぐにスタッフが全員を事務所から屋外の駐車場

「当選確実」となった瞬間の蒲島事務所。感染リスクを低くするため、すぐに屋外の駐車場へ移動した。

へと誘導した。とにかく人の密集を避けようという意識が見て取れる。そこに蒲島が県庁から車で到着し、駐車場に用意された演台に上がって挨拶をした。

「心配した投票率も、多分44％ぐらいの数字に落ち着くんじゃないか（実際は45・03％。前回の51・01％より5・98ポイント減）。私が一番恐れたのは史上最低の投票率。でも、よくぞ44％到達したなと」

投票に行った人は半分に満たない。これはある意味当然だろう。

街頭演説を目にすることがなければ、有権者の関心は高まらない。不特定多数が訪れる屋内の投票所に行くことを敬遠した人もいた。このような状況で投票率を上げるのは難しいが、解決策を考えない状態は明らかにおかしい。有権者の大切な権利を安心して行使できるようにするのも政治の仕事であるはずだ。

結果は蒲島43万7133票、幸山21万6569票。ダブルスコアで蒲島が当選した。

開票の翌日、私は県内の仮設住宅で避難生活を送る75歳の女性に会いに行った。女性とは2016年の熊本地震の取材で面識があったため、知事選の機会に再訪したのだ。最初は避難生活について話を聞かせてもらっていたが、私が知事選の話題を振るとこう言われた。

「まったく無駄な選挙ですよ。なんで熊本地震からの復興の途中で選挙をやらなきゃなんなかったのか。私は蒲島さんに入れたけど、まだまだやってもらわなきゃいけないことがある。そんなときに選挙だなんて……」

震災の被害で避難をしている人にとっては、もっともな話かもしれない。しかし、私は「無駄な選挙」だとは思わない。幸山が立候補し、選挙戦が行われたことには大きな意味がある。

それは当選翌日、蒲島が県庁での記者会見で語った言葉からもよくわかる。蒲島はこの日の会見で、選挙中に幸山から批判を浴びていた空港アクセス鉄道計画について、次のように言及したからだ。

「選挙でこれだけ争点化したので、議会もメディアも県民も関心が高い。その中でみんなで議論して、どのアクセスが一番いいのか。ここから始めていいと思うんです。空港アクセス鉄道がいいのか、幸山さんが言ったバス高速輸送システム（ＢＲＴ）がいいのか。同じ条件で議論していけばいい」

もし、幸山が立候補していなかったら、この言葉は出なかっただろう。県政の課題を表に出す意味でも、幸山の立候補は無駄ではなかったと私は思っている。選挙というプロセスが大事なのだ。

熊本県知事選挙が終わった後、東京オリンピック・パラリンピックが「1年程度延期」されると決まった。しかし、6月18日告示・7月5日投開票予定の東京都知事選挙が延期されるという話は出なかった。つまり、有権者は「コロナ警戒下での選挙」をこれからも覚悟しておく必要がある。貴重な一票を無駄にしないよう、つねに準備をしておいてほしい。

選挙漫遊記

**2**

田中けん（42才）vs 田中けん（54才）！

投票率は約20%の大幅減少！

# 衆議院静岡県4区補欠選挙

（2020年4月26日投開票）

## 緊急事態宣言下での初の国政選挙

「当確、出ました〜!」

投票箱が閉まると同時に出された「当選確実」。あまりにもあっけない幕切れだった。

望月義夫《もちづきよしお》元環境相の死去にともなって行われた衆議院静岡県4区補欠選挙（2020年4月14日告示・4月26日投開票)。20時ちょうどに地元TV局のSBSが「深澤陽一《ふかざわよういち》氏当選確実」を「ゼロ打ち」すると、自民党公認・公明党が推薦する深澤陽一の事務所前に集まった支援者たちからは大きな拍手が起きた。

より正確に書こう。

この日、深澤陣営は支援者を事務所に呼んではいなかった。予定では、候補者と少人数のスタッフだけが事務所にいるはずだった。それでもやはり、直接お祝いを言いたい人たちが続々と集まってしまったのだ。

私は投開票日前日、深澤事務所に「開票日をどう迎えるか」と問い合わせていた。その時に返ってきた答えは次のようなものだった。

「セレモニーなどは行いません。事務所も夜には閉めて何もしません。結果が出れば事務所前で報道陣の取材は受けますが、支援者と何かをするということはありません」

そうであるならば、きっと静かな夜になるだろうと思っていた。しかし、投票箱が閉まる20時前に深澤事務所に着くと、報道陣だけでなく熱心な支援者がたくさん集まっていた。駐車場には100台近い車が停まっていて、交通整理をするスタッフも複数配置されていた。前日に聞いた「セレモニーなどは行いません」という言葉はなんだったのか。

もちろん、新型コロナウイルスへの対策は取られていた。候補者も陣営幹部も支援者も全員がマスク姿。事務所内には関係者以外が入れないように、入り口にスタッフが立っていた。取材対応スペースはコーンとバーで仕切られた屋外。人と人との距離は十分に取られていた。

20時すぎ。当確の一報を受けて事務所の外に出てきた深澤は支援者に向かって深々と頭を下げた。しかし、新型コロナウイルスの感染が拡大する中で行われた選挙であることを鑑みて、バンザイも握手もなし。やむなく誰かと接触するとしても、腕と腕とを外側でタッチさせるだけの軽い接触だった。

## 人との接触が減ることの弊害

この選挙は、新型コロナウイルスによる緊急事態宣言下で行われた初めての国政選挙である。深澤は選挙中、「集会はしない。握手はしない。マスクは外さない」という原則のもと、従来の選挙戦とは大きく異なる戦い方を余儀なくされていた。

深澤が選挙期間中に行った街頭演説は155回以上。しかし、密集を避けるため、あらかじめ場所を公表することはしなかった。選挙前に企画していたミニ集会や屋内での個人演説会もすべてキャンセルした。街頭演説の場所選びも、異例中の異例だった。

「なるべく人がいないところを探してやります。変な話ですけどね。応援も呼ばないので、一人でポツンとやる様子をインターネットで動画配信する予定です」(深澤事務所)

人に伝えるための街頭演説なのに、人を避ける。そのかわり、選挙区内のさまざまな風景をバックに街頭演説を配信することで、各地に足を運んだことを伝える作戦だった。

それでも従来の選挙と同じ光景が消えたわけではない。私が告示日に深澤事務所を尋ねると、事務所内に並べられた長机の前にはマスクをしたスーツ姿の人たちが大勢座っていた。彼らは室内で一心不乱に政策ビラに証紙を貼っていた。もし、小池百合子《こいけゆりこ》東京都知事がこの光景を見たとすれば、「密です」と言いそうな距離感だ。

ただし、明らかに従来とは違うこともあった。証紙を貼る際、お互いに飛沫を飛ばさないように全員が同じ方向を向いていた。もちろん無言。こうした努力の甲斐もあり、この補欠選挙で新型コロナウイルス感染症が拡大した事実は報告されていない。

有権者との接触機会を減らすことは、感染拡大を防ぐためにはしかたがないことだ。しかし、「人との接触」を減らしたことで、大きな弊害もあった。選挙の大切な機能である「意見交換の場」が失われていたからだ。

この選挙は、安倍政権下で行われた衆議院議員選挙では初めて野党統一候補が実現した選挙である。本格的な与野党激突となったため、当初は安倍政権への評価も大きな争点になると見られていた。ところが新型コロナウイルス感染症の拡大で、有権者との接触機会が激減した。そのことにより、深澤の耳には積極的な支援者の声以外は届きにくくなっていた。実際、深澤は当確直後の共同インタビューでこう答えている。

「今回の選挙戦において、安倍総理に対しての批判的な言葉が私に寄せられたことはほとんどなかった」

これを聞いて驚いた人もいるだろう。世間では安倍政権への批判の声が日に日に大きくなっていたのに、そうした声が届いていなかったことになる。このときの共同インタビューで、深澤は続けてこうも答えている。

「私は望月義夫先生の後任として活動していましたし、新型コ

深澤陽一の第一声。マスク着用で握手もなし。街頭演説では人がいないところを探して回る異例の選挙戦に。

ロナの影響で不特定多数のみなさんに会えたわけではないので、直接、私には届かなかったのかなと。しかし、(安倍政権の)反省すべきことは反省して、説明が必要なところは説明していく。そのことは与党であっても、やはり求めていきたい」

この答えを現場で聞いていた私は思わず挙手して質問した。

「具体的にどこを反省すべきだと考えているのでしょうか」

一瞬、深澤が戸惑いの表情を見せた。通常の選挙であれば、こうした疑問の声が有権者からぶつけられることは珍しくない。しかし、今回の選挙戦では、有権者からこのような問いかけをされる機会すらなかったようだ。

「やはり国会やマスコミでもいろいろ話題になっているようなこと。世論の中でみなさんが不満に思っていることは反省していくべきだと思います。それぞれお考えだと思いますので、そこはみなさんの一般的なところで捉えていただければと思います」

ふわっとした答えに納得できない私はさらに聞いた。

「深澤さんが安倍政権に一番ここは反省してもらいたい、というところはどこなんでしょう」

我ながら意地が悪い。しかし、「与党であっても反省や説明を求めていきたい」と深澤は言っている。自民党内から批判の声が上がれば、安倍首相も無視できないはずだ。政治家はすべての国民のために働くのが仕事だから、批判の声にも耳を傾け、真摯に反省し、丁寧に説明していくことが必要だ。たとえ深澤が新人議員であっても、おかしいことはおかしいと、堂々と声を上げるべきである。

私はそんな思いから質問したのだが、深澤の答えは次のようなものだった。

「私自身では……、うーん、なんでしょうね。まあ、特に、それ一つ、というのは、特には、今はないです」

選挙は有権者と候補者が触れ合うことで、政治家を育てていく大切な機会だ。政治家は有権者の声を聞くことで、「今、何が求められているか」を知ることができる。しかし、その機会が新型コロナウイルスによって奪われている。候補者の主張と有権者の意見が交わる機会がなくなっている。お互いに言いたいことを言うだけの選挙で勝敗が決まっている。そこでは「選挙を通じて揉まれる」という大切な機能が失われている。

有権者との接触機会の減少は、これから「すべての有権者の代表」として活動する候補者にとって不幸である。

## 緊急事態宣言下の選挙運動はネット中心

静岡4区内の有権者数が最も多い「静岡市清水開票区」で開票作業が始まるのは21時30分からだっ

た。

しかし、地元TV局のSBSが20時に「当確」を出したため、深澤による勝利宣言はすぐに始まり、あっという間に終わってしまった。野党統一候補である田中《たなか》けん（42才）の敗北宣言も、そのすぐ後に行われた。これは異例のことだ。

通常であれば、勝利宣言も敗北宣言も「NHKの報道」を待って行われる。ところがこのときの選挙では、両陣営ともにNHKの「当確」を待たなかった。地元局のSBSが信頼されていることもあるだろうが、支援者が長時間集まったままになることを避けたかったのだろう。NHKが「深澤陽一氏当確」の第一報を打ったのは21時30分すぎだったが、その頃にはどちらの事務所も撤収作業が始まっていた。

結果が予想しやすかった要因は投票率の低さだ。今回の補欠選挙の投票率は、なんと34・1％。前回2017年に行われた衆議院議員選挙の投票率を19・62ポイントも下回っている。大幅な減少だ。補欠選挙はもともと投票率が低くなる傾向があるとはいえ、あまりにも低すぎる。約3人に1人しか選挙に行っていない。

私は深澤の勝利宣言を見届けた後、野党統一候補である田中けん（42才）の事務所を訪ねた。こちらも報道陣は事務所の中に入れないようになっていた。

選挙中に事務所内を埋めていたテーブルは片付けられ、がらんとしたスペースが作られている。

そこに十分な距離をとって、パイプ椅子が8脚並べられていた。

「社民と共産の方がまだ到着していないので、田中候補による報告はまだ始まりません」

現場に詰めた記者が電話で上司に報告をしていた。当確が出るのが早すぎて、集まるべき人たちがすぐに集まれなかったのだ。

「事務所が狭いので、支援者の方にはなるべく自宅で開票速報を御覧くださいとお伝えしています。事務所にお越しいただくのも、各党代表2名に限らせていただいています」(田中けん事務所)

田中を推していたのは、立憲民主党、国民民主党、社民党、共産党。出席するのは各党派から2人だから、8分の4の人が事務所に来ていない。

しばらく待つと、ようやくすべてのメンバーが揃い、田中の挨拶が始まった。

田中は選挙中、各地での街頭演説を終えた後に事務所に戻り、YouTubeの「タナケンちゃんねる」で生配信を行ってきた。しかし、開票日には配信をしなかった。事務所に来られない支援者のことを考えれば、配信したほうがよかったかもしれない。深澤陣営は、当確後の様子もしっかり配信していたからだ。

たとえ今回は負けたとしても、これは補欠選挙だ。そう遠くない将来に総選挙がやってくる。せっかく手にした武器を、最後の最後で置いてしまうのはもったいないことに思えた。

事務所内で各党派代表への挨拶を終えると、田中が事務所の外に出てメディアの共同インタビューに答えた。

「今回は衆議院で初めての野党統一候補ということで、多くの党派を超えた支援をいただきました。そのことについては感謝の一言に尽きます。しかし、この結果は私の不徳のいたすところだと受け止めています」

田中も深澤と同じく、選挙戦を通じてマスクをしたままだった。有権者に顔が見えない。見せたくても見せられない。取材する側もマスクをしているため、声が通らない。誰が質問しているのかもわかりにくい。そのため選挙戦で一番密になるのは、報道陣が取材をするタイミングだった。この共同インタビューで、田中けん（42才）はこんなことも言っていた。

「私にとっては、同姓同名の候補も出るということで、普段では考えられない異例の選挙。大変やりづらい、制限された選挙だったと思っております」

私は投票率が低くなった理由について、田中の認識を聞いた。

「私自身の思いや政策を伝えきれなかったというのもありましょうが、新型コロナウイルスの影響も大きいかと思います。とくに今日から全国が大きな自粛のムードになりまして、テレビでは外に出ないことを訴えかける報道がされています。あれを見てしまいますと、なかなか（投票に）行こうという方も足を止めてしまったのかなと。私としては当初から訴えていたように、オンライン投票や今までと違った形での投票もできればよかったなあと思っています」

## 同一選挙に同姓同名を立てる「奇策」の先

田中けん（42才）が敗戦の弁で述べていたように、この選挙には、もう一つ「異例の事態」が起きていた。

野党統一候補の田中けん（42才）とは別に、NHKから国民を守る党（N国党）が田中けん（54才）を立てていたからだ。

同一の選挙に同姓同名の候補が立候補した例は過去にもある。その時は住所や年齢で区別できるような対策が取られていた。しかし、今回のN国党が異例だったのは、選挙戦術として同姓同名の候補を立てたことだ。

「田中けん（54才）」の立候補届出手続きをした立花孝志党首。選挙公報もポスターもなかった。

さらに異例だったのは、N国党の田中けん（54才）が選挙中に一度も選挙区に入らなかったことである。現地に入って立候補届出の手続きをしたのはN国党の立花孝志《たちばなたかし》党首。N国党の「田中けん（54才）」は選挙運動をすべてインターネット上で行った。

ポスターもなし。選挙公報もなし。有権者にとっては、N国党からも同姓同名の候補が出ていることがわかりにくいようになっていた。

立花党首はこれを意図的にやっていることを認め、さらに不敵な戦略を明かした。

「大切なのは今回の補選ではありません。次期総選挙で今の安倍政権を交代させること。我々は今の安倍政権は明らかにおかしいと思っているので、そこを弱体化させるための選挙戦を考えています。次回の総選挙では、自民党の候補と同姓同名の候補をN国党から立てたい。すでに、4人の『フカザワヨウイチ』さんを見つけています」

私は立花党首の次の一言を聞いて、さらに驚いた。

「今回は事前に『同姓同名の候補を立てる』と発表していましたから、相手候補も『42才』を強調して対策を取っていた。次回は完全極秘で当日に選管に持ち込みます。安倍晋三さんとか麻生太郎《あそうたろう》さんとか。これを全国でやります」

当然ながら、「選挙を冒瀆している」という批判も起きた。N国党の戦略を「選挙妨害だ」と批判する有権者の声も直接聞いた。私も従来のモラルを逸脱した奇策だと思う。しかし、現行制度上では「合法」だ。

同一選挙に同姓同名の候補が出た場合、投じられた一票がどちらの候補への投票かを判別するのが難しくなる。そのため、選管では「年齢」や「党派」で区別して確定する対応をとっていた。同姓同名候補が出ることを事前に知らされていた田中けん（42才）の陣営は、街宣車やタスキ、選挙公報に「42才」と書いていた。同姓同名候補と混同されないように、事前に対策を取ることができていた。しかし、もし、N国党が何の予告もなく同姓同名の候補を立てていたら、有権者はもっと混乱していた可能性がある。

今回、年齢や党派を記載せず、単純に「田中けん」と書かれた票は、確定票の比率に応じて「按分《あんぶん》」された。つまり、有権者が候補者の区別をしっかりつけていないと、自分の推す候補の票が減る可能性がある。

この選挙戦の開票日、N国党の立花党首は4時間以上にわたってYouTubeで生配信を行った。視聴回数は5万8000回以上。これは当選した深澤陽一や田中けん（42才）が選挙中にアップした動画の視聴回数を遥かに上回る。

有権者がボーッとしていると、本当に大変な状況がやってくるかもしれない。

## まさかの候補者顔写真取り違え！

ここまで述べてきたことは、他のメディアでもある程度報じられてきたことだ。しかし、ここから先をボリュームたっぷりに報じたレポートはほとんどないはずだ。

今回の補選には、無所属の山口賢三《やまぐちけんぞう》も立候補していた。私はいつもの選挙取材と同じように、全

無所属の山口賢三。新聞に別人の写真を掲載されるという信じられない事態も！

候補者に連絡を取った。もちろん、山口の選挙運動も取材した。私が投開票日に「今日はどのように過ごしますか」と山口に電話で聞くと、「ずっと家でテレビを見ていると思います」との答えが返ってきた。

それに続いて、私は山口の口から驚くべき事実を知らされた。

「ちょっとひどいことが起きているんです。25日付の産経新聞が候補者4人の顔写真を載せたんだけど、私のところに別人の写真を載せちゃったんだよ」

えええええ！　別人の写真!?

候補者がみんなマスクをしているから「顔の見えない選挙戦」ではあった。しかし、まさか「別の顔」が新聞に載るなんてことがあるのだろうか。山口が続ける。

「私も何年か選挙を見てきたけど、こんなの初めてじゃないの！　支局の女の子からは電話で一本お詫びがあったけど、謝罪に来たりはしていない。私の街頭演説の場に来るって言っていたんだけど、来なかった。

投票日の26日付紙面には正しい写真を載せて、隣に『お詫び』を掲載していたけど、違う人の写真を載せてからじゃあ、意味ないよね」

間違いは誰にでもある。私も候補者の名前の漢字表記を間違えたことがある。しかし、顔写真の取り違えはちょっと大きすぎる間違いだ。

「私が当選すれば問題ないけどもね。縁起を壊された感じがするよね。今日は日曜日だから明日本社に電話するけれども、返事が良くなければ裁判も考えている。

だってさ、もし、自民党の深澤さんが写真を間違えられていたとしたら、大変なことになるでしょう。私だって、供託金の300万円が返ってこないと困るんですよ」

開票日の夜10時に山口の自宅を訪ねると、深夜にも関わらず実際の新聞紙面を見せてくれた。本当に別人の写真が間違って掲載されていた。これは間違って写真を載せられた人も困るのではないだろうか。

ちなみに山口の主要政策は、「SDGs（エスディージーズ／持続可能な開発目標）」、「ノアの方舟構想（大型クルーズ船に区役所機能、病院機能、ホテル機能を持たせて災害時には海外の被災地にも派遣する）」、「『そ・わ・か』の実践」だ。「そ・わ・か」とは、「掃除」「笑い」「感謝」の頭文字のことだという。

自宅にお邪魔すると、山口はしっかりと掃除の行き届いた居間でこたつに入り、新型コロナウイルスで亡くなった岡江久美子さんの追悼特別番組をテレビで観ていた。私はそこに「そ・わ・か」の「そ」を見た。

話を聞こうと私もコタツに入ると、山口は「ＳＤＧｓ」の話を熱く語ってくれる。そこからエネルギーの話になると、山口は立ち上がって玄関に行き、私を呼んだ。電力供給が停まったときに備えて、カセットボンベで動くホンダの発電機を３台買ったのだという。そして、深夜にもかかわらず、実際にガスボンベをセットして発電機を動かしてくれた。ブルンブルンブルン、とホンダのエンジンが唸る。

「どうです。これで停電しても電気がまかなえるんです」

「あの、深夜なので、もう大丈夫です！」

私がそう言っても、山口の政策に対する思いは止まらない。文字通りエンジン全開だ。静かな夜の住宅街にこだまする発電機のエンジン音。その音が大きいので、山口の声も大きくなる。なんとかしてエンジンを止めようとする私の声も大きくなる。そんな中でも山口は笑顔で楽しそうに話をしてくれる。

かつて挑戦した市議会議員選挙や市長選挙の話を聞くと、「惨敗した」と笑って語る。今回の選挙も「勝てないと思う」と笑う。それなのに、なぜ今回の補選に立候補したのか。

「宝くじも買わなきゃ当たらない。選挙も出なけりゃ当選しない。だからいつも宝くじは２枚か３枚買ってるんですよ。そしたら！　本当に10万円当たったことがあるんです！」

そしてまた、ニコッと笑う。山口は「そ・わ・か」の「わ」を実践していた。そして最後には、

「家まで来て話を聞いてくれたのはあなただけだ。ありがとう」

と言って、何度も感謝の言葉を口にした。「そ・わ・か」の「か」。これで「そ・わ・か」が全部揃った。山口からは本気で政策を実行しようとする気概が伝わってきた。

民主主義の根幹である選挙は、新型コロナウイルスの感染が拡大する中でも行われる。それは私が2020年4月17日に行われた安倍晋三首相の記者会見で質問し、確認したとおりだ。

「選挙は不要不急の外出には当たらない」（安倍首相）

だから投票所や開票所では、できる限りの感染防止策が講じられている。

静岡県選挙管理委員会は、全投票所に使い捨ての手袋を設置した。投票所の入り口に消毒液を配置し、投票所の換気、鉛筆の消毒、筆記用具の持ち込みの許可、透明なシートでの仕切り、マスクを着用して有権者同士の距離も確保できるように配慮した。

バスに投票箱を積み、移動して期日前投票を行える「移動投票所」も取り入れた。そこまでして行わなければならないほど、選挙は大切なものなのだ。

マスクに消毒液、使い捨てのビニール手袋など、開票会場もコロナ対策を取る必要がある。

新型コロナウイルスが感染拡大を続ける中で行われる選挙は、多くの課題を浮き彫りにした。しかし、そこには民主主義の大切な手続きを守るために働く多くの人たちがいる。私たちは、もっと真剣に選挙に向き合うべきではないだろうか。

【衆議院小選挙区選出議員補欠選挙（静岡県第４区）結果（得票数順　投票率34・10％）】

当選　深澤　陽一　43歳　６６８８１票　自民党・新
田中　けん　42歳　３８５６６・３９８票　無所属・新
山口　賢三　72歳　１８８７票　無所属・新
田中　けん　54歳　１７４７・５９５票　N国党・新

選挙漫遊記

# 3

史上最多の22人が立候補！

「日本一コスパの良い」「政策と人材のオリ・パラ」

## 東京都知事選挙

（2020年7月5日投開票）

## 候補者を育てなければ、選挙は「『よりマシな地獄』の選択」のまま

みなさんは東京都知事選挙にかけられる経費がどれくらいになるかご存知だろうか。２０１１年は42億円、２０１２年は38億円、２０１４年は46億円、２０１６年は約48億円かかっている。２０２０年は新型コロナウイルス対策で追加の予算が組まれたこともあり、それ以上の経費がかけられることになっていた。これだけの経費をかけた大イベントなのだから、おおいに楽しんだほうがいいに決まっている。

選挙を楽しむことは政治に親しむ第一歩だ。最初は野次馬でもいい。まずは選挙の存在を認識することから始めてほしい。

選挙に関心を持てば、選挙の楽しさがわかる。誰が出ているのか、どんなことを主張しているのかを知れば、必ず結果が気になる。

運良く「応援したい」と思う人も見つかるかもしれない。候補者は嫌いでも、「これはいい」と賛同できる政策が見つかるかもしれない。いいと思える人が見つからずに「あの人に出てもらいたかった」と誰かのことが頭に浮かぶかもしれない。

もし、そんな出会いがあれば、あなたはとても運がいい。

長年選挙を取材してきた経験から言えることがある。それは「すべてを任せられる候補者は滅多に出てこない」ということだ。

自分自身が立候補しない限り、１００％満足できる候補が出てくることはない。だから多くの人は、候補者の中から「よりマシな誰か」を選んで一票を投じている。

限られた選択肢の中から選ぶのだから、当然、不満は出る。しかし、自分で選ぶことを放棄してしまうと、自動的に「別の人が選んだ候補」が当選することになる。だから選挙にはできる限り行ったほうがいい。

もう少し厳しい言葉で言う。

自分たちで候補者を育てる気がなければ、選挙はいつまで経っても「『よりマシな地獄』の選択」のままだ。

理想の政治家は誰かが用意してくれるものではない。一票を入れたいと思う人がいないなら、入れたくなるような人に立候補してもらうしかない。その人を説得できなければ、一から候補者を育てるしかない。

当選した人に、自分たちの望みを理解してもらえるように伝えていくことも一つの方法だ。対話を重ねることで、当選した人を「理想の政治家」に近づけていく。これは政治家が聞く耳を持っていれば最も効果的な方法だ。しかし、当選した途端に耳をふさいでしまう政治家もいるから注意が必要だ。

有権者の地道な努力を抜きにして「理想の政治家」は誕生しない。だからこそ、政治家をただ甘やかすのではなく、叱咤激励して育てる努力を怠ってはいけない。

候補者も有権者も選挙を通じて育つ。それこそが民主主義の醍醐味だと私は思っている。

## 政治は人の生死に関わる。悪政が原因で命を落とすこともある

もし、自分が応援した人が運良く選挙で当選したとしよう。その後、その政治家が無茶苦茶な政治をした場合、それは自分に見る目がなかったということだ。有権者には政治家を当選させた責任があるのだから、不満があればきちんと政治家に伝えてほしい。「私たちが求めている政治の方向性はそっちじゃない」と軌道修正を求めてほしい。誰かに一票を託すというのはそういうことだ。投票して終わりではない。

まずは「自分の一票には力がある」と強く認識してほしい。そして、もし自分の選択が間違っていたと思った時には、「自分は投票する前に候補者を吟味したのか」と大いに反省してほしい。当選者の任期中は「悪政」に苦しんで自分の責任を痛感すればいい。

自分の選択が生活に跳ね返ってくることを体感するのは大切なことだ。政治は人の生き死にに関

わる。ただし、本当に運が悪いと悪政が原因で命を落とすこともある。だから政治に関心を持つのは、早ければ早いほうがいい。真剣に考えれば考えるほど、自分を「最悪の結果」から遠ざけることができる。

ここで一つの例を挙げる。

かつて首相を務めた森喜朗《もりよしろう》という政治家がいた。

森は失言が多い政治家として知られているが、2000年の衆議院議員総選挙の真っ最中に、こんな発言を残している。

「(無党派層は選挙に)関心がないといって寝ててくれればいい」

この発言を聞いて、みなさんはどう思うだろうか？　受け止め方は個人の自由なので、ここでは事実だけを提示したい。

このときの総選挙の投票率は小選挙区で62・49％、比例代表で62・45％。つまり、本当に寝ていた有権者が約37％もいた。

自民党はこの選挙で議席を減らしたが、森は選挙後も首相の座に座り続けた。

この選挙の結果には、「選挙に行かなかった人たち」の行動も大きな影響を与えている。明確に「NO」と言わなかったことで、与党の候補者たちが当選することをアシストしている。つまり、政治に無関心でいることは「強烈な政治的行為」だといえる。

## 東京都の予算規模はスウェーデンの国家予算を超える

新型コロナウイルス禍をきっかけに、政治に関心を持ち始めた人もいるだろう。そんな人たちには、東京都知事選挙に注目することをすすめたい。

オススメする理由はたくさんある。

まずは日本の首都・東京都の知事を決める選挙だということだ。

東京都の人口は約１４００万人。予算規模は、一般会計、特別会計、公営企業会計を合計すると15兆４０００億円。これはスウェーデンの国家予算を超える予算規模だ。東京都のＧＤＰは国内の約2割を占める。そのトップを決める選挙だから、東京都民でなくても気になるはずだ。

この選挙で当選するのはたった1人。立候補するための要件は「日本国民で満30歳以上であること」だけだ。

つまり、「東京都民」である必要はない。そのため、全国から多くの挑戦者が集まってくる。たった一つの椅子を争うために、多様な候補者が集まる。ひょっとしたら、あなたも挑戦できるかもしれない。こんなにわかりやすくて面白い選挙は他にない。

ここ10年の間に行われた東京都知事選挙の候補者の数を振り返ってみよう。

２０１１年は11人。２０１２年は9人。２０１４年は16人。２０１６年は21人が立候補した。

これほどたくさんの人が立候補するのには理由がある。「自分の政治的主張を訴えたい」と考える人にとって、都知事選は最もコストパフォーマンスに優れた選挙だからだ。

都知事選に立候補するためには３００万円の供託金を収める必要がある。その意味で、立候補のハードルはかなり高い。

しかし、国政選挙とは違い、無所属の新人候補であっても大きなメリットがある。ＮＨＫと民放で放送される「政見放送」の機会がすべての候補に準備されているからだ。これが一番大きい。

また、都内には1万４０００ヶ所以上のポスター掲示場が設置される。ポスターは自分で貼る必要があるが、自分の顔と名前、主張を載せたポスターを都内全域に堂々と貼ることができる。それだけでなく、自分の政治的主張がそのまま載せられる「選挙公報」が選挙管理委員会の責任で都内全戸に配布される。

都知事選は全国一斉に行われる衆議院議員総選挙や参議院議員選挙と違い、単独で行われる。そのため、世間からの注目が集まりやすい。選挙期間も参議院議員選挙とならぶ「17日間」で、日本の選挙の中では一番長い。だから「何かを伝えたい」と考える候補者にとって、これほど魅力的な選挙はない。おそらく日本で一番エネルギッシュな人材が集まるのが東京都知事選だといえる。

この選挙を楽しまないのは、あまりにもったいない。都民でなくても全国から集まる多様な候補者の訴えに耳を傾けることは、先々の政治を考える上でも参考になる。

落選した候補が訴えていた政策の中には、後から他の候補に採用されたものもある。いい政策は、必ず誰かの目に止まり、受け継がれる。各種の政策はもともと「世のため人のため」に考え出されたものだから、誰もが利用していい。問われているのは、それを有権者が選ぶかどうかだ。

つまり、たとえ選挙に負けたとしても、自分が考え出した政策はどこかで生き続ける可能性がある。その意味では、「無意味な立候補」などどこにもない。そのことを確認する意味でも、選挙に出た候補者たちの訴えに少しは耳を傾けてほしい。

候補者をバカにするような世の中では、この先、「選挙に出よう」と思う人がいなくなってしまう。これは社会にとって大きな損失だ。特に「政治家を育てよう」という有権者が少ない社会においては致命的だ。選挙に出る人が減れば、有権者の選択肢は減る。ひどいときには無投票となり、選択の機会すら与えられない。

いいものはいい。悪いものは悪い。有権者には、それを見極める機会として選挙を利用してほしい。ヒーローの出現を待ち続けるよりも、自分たちで政治家を育てたほうが社会は着実に良い方向に向かっていくはずだ。

2016 年、21 人が立候補した都知事選ポスター。2020 年はそれを超え史上最多の 22 人が立候補。

## 史上最多の22人が立候補した

私は毎回、東京都知事選挙を楽しみにしている。だから選挙が始まるずっと前から「追っかけ」の準備をしている。出馬表明記者会見があれば東京都庁へと向かう。東京都選挙管理委員会が立候補に必要な書類を配付し始めれば、選挙管理委員会の前で書類を取りに来る人を待ち伏せする。

２０２０年の都知事選では、告示日の１ヶ月前である５月18日から立候補に必要な書類の配付が始まった。配付から１週間が経った５月25日の時点で書類を手にした人は18人いた。連絡先がわかる人にはどんどん連絡を取り、一番訴えたいことは何かと聞いた。なぜ、３００万円もの大金を払って立候補するのかも聞いた。そうすると、大手メディアの報道では見えてこない、熱い思いが伝わってくる。この熱を社会に生かさないのは非常にもったいないことだと思えてくる。その思いを知れば、自分の一票を捨てる気にはならないだろう。

2020年の都知事選告示前、世間では「新型コロナウイルスの影響で盛り上がらないのではないか」との予想もあった。しかし、蓋を開けてみると史上最多の22人が立候補した。

東京都民の中には「こんなにたくさんいたら選べない」「この中から選べなんて、まるで罰ゲームだ」などと揶揄《やゆ》する人もいた。しかし、まずは多くの候補者が立候補してくれたことを喜ぶべきだと私は思う。

有権者にとって「選択肢」が増えることは決して悪い話ではない。すべての考え方に同意できなくても、自分の考えと重なる候補、刺激を与えてくれる候補が見つかる可能性が生まれるからだ。

22人の候補者は、それぞれが強烈な個性を持っていた。自分とは違う考えを持っていても、共感できたり、感心できたり、勉強になる視点を提示してくれたりすることもある。

選挙はそのような「アイデアの宝庫」としてどんどん利用するべきだ。そして、「これはいい」と思うアイデアがあれば、すべての候補者に対して、「この政策はとてもいいから採用したほうがいい」と提案してほしい。社会で共有してほしい。これが「政策本位の選挙」を実現するための第一歩になると私は信じている。

選挙は勝者を決めるだけの機会ではない。候補者と有権者が濃密なコミュニケーションを取る機会だ。社会を良くしていくために、候補者にも、有権者にも、選挙を骨の髄まで楽しんでもらいたい。

## 「羽鳥慎一モーニングショー」は候補者全員を取材、放送した

東京都知事選挙を追い続けていると、毎回、残念な思いにとらわれる。それは大手メディアにおける候補者の扱いが偏っていることだ。

2020年の都知事選でも、多くの候補者がほとんど最初から排除されていた。新聞、テレビは「主な候補」として5人の候補者を取り上げていたが、同じ選挙に立候補している17人の候補者は「その他」「ほか」「ら」という言葉でくくられていた。そのため、主張や考えがなかなか伝わってこなかった。

もちろん、党派による公認や推薦などで、ある程度、票の予想ができることはわかる。しかし、選挙結果が出る前から、明らかに差をつけすぎていると私は思う。前回2016年に行われた東京都知事選挙の投票率は59・73％で4割以上の人が投票に行っていない。しかも、東京都民は約7割が「無党派層」だと言われる。こうした人たちをも、あらかじめ無視しているように思えるのだ。

選挙というシステムは、大番狂わせが起きる可能性を孕んでいる。そこが面白いところであり、怖いところでもある。究極的には、立候補した人は誰でも当選する可能性がある。逆に言えば、どんなに優秀な人でも立候補しなければ絶対に当選することはない。

すべての候補者は最初から最後まで真剣に勝負している。候補者によっては、一度も表に出ず、ずっと沈黙を守る人もいる。これを不真面目という人もいるかもしれないが、選挙に立候補するのは大変なことだ。どんな戦略もその人なりの真剣勝負の方法である。一度くらいは注目したほうがいいと私は思っている。

多様な候補者がいれば、選挙に行かない4割以上の人たちの心に響く訴えをする候補者もいるはずだ。その機会をメディアがあらかじめ奪ってしまうのはもったいない。

もちろん、選挙に必ず行く「常連さん」を相手にする報道も必要だとは思う。しかし、選挙に行ったことがない人に向けて情報発信するメディアがあってもいい。裾野を広げる努力をしなければ、選挙業界もメディア業界も同じく衰退してしまう。これはとても不幸なことだ。

そんな中、告示日翌日の6月19日、テレビ朝日「羽鳥慎一モーニングショー」が22人の候補者全員に「新型コロナウイルス対策」を聞いていた。これは嬉しい報道だった。

世の中は多様な人々で構成されている。そこに「多様な人材」が手を挙げてくれたことを扱うメディアがようやく出てきた。選挙報道にも新しい波がやってきたのだ。

投票先を選ぶのはあくまでも有権者である。その際に多様な候補者の情報を知ることは無駄ではない。多様な考え方に触れることで、有権者も候補者も成長し、成熟していくからだ。

「こんな候補は受け入れられない」「でも、この視点だけは評価できる」。そうした判断のもとになる基礎情報を提供することも、メディアの大きな役割の一つだと私は思っている。

## 政治家を鍛えるのは有権者しかいない

2020年の都知事選も新型コロナウイルスの感染拡大が懸念される中で行われた。そのため、従来の選挙よりも街頭での活動は少なくなった。

しかし、新型コロナに気を遣いながらも、街頭での活動を行う陣営もあった。街頭に出ない候補者もYouTube、ニコニコ生放送、ツイキャス、Zoom、インスタライブなどを使って有権者と双方向での情報交換を行う新たな取り組みに力を入れ始めた。

これは有権者にとって、新たな入り口が増えたことを意味する。これまで政治家と直接つながるルートを持っている有権者は一部だったが、その間口が大きく広がったのだ。

インターネットの世界では、いきなり政治家と直接つながれる可能性がある。この機会を利用して、有権者は積極的に自分の考えを候補者に伝えてほしい。ツイッターなどで候補者に意見を言うことも無駄ではない。意見は言わなければ伝わらない。あなたの心の中にある思いを、ぜひ、表に出してほしい。それが「政治を堂々と語れる社会」を作る第一歩になる。

候補者への最低限の敬意や応援する気持ちをベースに持ちながらも、「この課題についての考えはどうか」「こんな時はどうするつもりか」など、この先4年間を見越した情報交換をしてほしい。有権者が厳しい目を向ければ、政治家はどんどん鍛えられる。鍛えられた政治家のほうが、有権者のためになる政治を行ってくれるのは明らかだ。

## 候補者情報の最強ツール「選挙公報」

私は過去の東京都知事選挙でも、全候補者に取材するというスタンスを取ってきた。

「いったい、どうやってすべての候補者にコンタクトをしているのか」

そう聞かれることがよくあるので、私の取材手法を紹介したい。

東京都知事選挙の場合、立候補を考えている人のための事前説明会は開かれない。しかし、立候補に必要な資料の配付が事前に行われる。また、候補予定者が準備した書類がきちんと揃っているかを選管とすり合わせる「事前審査」も行われる。

私はその時期に選挙管理委員会の前で張り込みをして、資料を取りに来た人に声をかける。立候補の意思がある人には連絡先を聞き、「立候補検討者リスト」を作る。事前審査をクリアして書類が揃った人は「立候補予定者リスト」に書き加える。

また、都庁の記者会見場では、告示日の1ヶ月ほど前から「出馬表明記者会見」が開かれる。私もそこに参加して、本人に直接、立候補の可能性があるかどうかを確認する。ここでだいたいの立候補者数が把握できる。

それでも告示日当日、飛び込みでやってくる人もいる。だから私は選挙の告示日は選挙管理委員会に一日中張り付く。「ここでしか会えない候補者」に会うためだ。

2020年の都知事選でも、この取材手法で全22人の候補者すべてと接触することができた。中には「取材に応じない」という謎の候補もいたが、「応じない」という言葉を直接聞くことが大切だ。そうした候補者が当選後に有権者の声を聞くかどうかの予備調査になる。ほんの数分程度の接触でも、実際に候補予定者本人に会うと、かなりの情報が手に入る。

なかには政見放送にも出ず、選挙公報も掲載せず、選挙ポスターも作らない候補もいる。有権者の理解を得られるかどうかは別として、それも候補者の選択だ。最初からその行動を否定するのではなく、「なぜ、そのような行動になるのか」を理解しようとすることは、多種多様な人たちが生きている世の中を理解することの一助となる。そんな出会いは抜群に面白い。

もちろん、すべての人が私と同じようなことができるとは思っていない。そこで、一番簡単に「ほぼ全候補」の主張を比較することができるツールとして「選挙公報」を紹介したい。

選挙公報は、掲載を希望する候補者から提出された原稿を「そのまま掲載」するものだ。内容の真偽について、選挙管理委員会は関知しない。そのため、選挙公報に記載された内容が真実かどうかは、原稿を提出した本人が責任を負うことになる。なかには明らかに事実と異なることを記述する候補者もいる。

つまり、有権者の「読解力」が試される。「候補者から提出された原稿をそのまま掲載する」という前提を抜きにして読むと、後で「こんなはずではなかった」と後悔することになる。候補者の主張は主張として受け止めながら、有権者は冷静に読むことが必要なのだ。

選挙を現場で取材していると、「世の中には本当にいろんな人がいる」ということがよくわかる。とにかく、自由、自由、自由。世界は多様な価値観であふれていることがわかる。

「自分の常識は、ひょっとして歪んでいるのかもしれない……」

そんなことを考えさせてくれるきっかけになるのが選挙だ。せっかくの機会だから、みなさんもすべての候補者をできる限り「生」で見て、大いに刺激を受けてほしい。

## オリジナル街宣スタンプ帳とネット演説

限られた選挙期間の間に、すべての候補者に会うことは至難の技だ。そこでみなさんに私の「候補者追っかけノウハウ」をお伝えしたい。

それが「街宣スタンプ帳」を手に持って都内をめぐる方法だ。これは縦軸に全候補者の名前、横軸にマイクを使っての選挙運動が可能な「午前8時～午後8時」までの枠を1時間ごとに分けて表にしたものだ。ここに各候補者の予定を書き込んでいくと、テレビの番組表のようなものができあがる。

候補者の街宣予定は、おおむね前日夜には決定している。各候補者のウェブサイトやツイッターなど、SNSでの情報発信をキャッチして、時間帯ごとに「街宣予定」を埋めていく。そうすると、時間軸で効率よく各陣営をめぐるルートが見えてくる。この表を活用して生身の候補者を見れば「ふざけて立候補している」などとは言えなくなる。私はこの「街宣スタンプ帳」を活用し、1日に最高で13人の候補者をナマで見た。街頭演説が活発になるのは土日が中心だから、週末を利用すればすべての候補者を目撃することも不可能ではない。

そしてもう一つ、私が2012年から協力してきた都知事選関連の企画がある。それが「ニコニコ生放送」（ドワンゴ）で行われる討論会やネット演説だ。2020年の都知事選では、立候補を届け出た「全22人の候補者」にネット演説への参加依頼をした。残念ながら登壇を辞退した候補者もいるが、全部で18人の候補者が参加をしてくれた。

都知事選は4年に一度しかない。4年に一度くらい、17日間どっぷりと選挙に使ってみるのも悪くない。一度当選した人の任期は4年もある。面倒がらずに、ぜひ、候補者たちの奮闘に触れてみてほしい。

【東京都知事選挙（6月18日告示・7月5日投開票）立候補者一覧・届出番号順】

1　山本《やまもと》　太郎《たろう》　45歳　れいわ新選組・新

2　小池ゆりこ　67歳　無所属・現

3　七海《ななみ》ひろこ　35歳　幸福実現党・新

4　宇都宮《うつのみや》けんじ　73歳　無所属・新

5　桜井《さくらい》　誠《まこと》　48歳　日本第一党・新

6　込山《こみやま》　洋《ひろし》　46歳　無所属・新

7　小野《おの》たいすけ　46歳　無所属・新

8　竹本《たけもと》　秀之《ひでゆき》　64歳　無所属・新

9　西本《にしもと》　誠《まこと》　33歳　スーパークレイジー君・新

10　関口《せきぐち》　安弘《やすひろ》　68歳　無所属・新

11　押越《おしこし》　清悦《せいいち》　61歳　無所属・新

12　服部《はっとり》　修《おさむ》　46歳　ホリエモン新党・新

13　立花　孝志　52歳　ホリエモン新党・新

14　さいとう健一郎《けんいちろう》　39歳　ホリエモン新党・新

15　ごとうてるき　37歳　（略称）トランスヒューマニスト党・新
16　沢《さわ》しおん　44歳　無所属・新
17　市川《いちかわ》ヒロシ　58歳　庶民と動物の会・新
18　石井《いしい》均《ひとし》　55歳　無所属・新
19　長澤《ながさわ》育弘《やすひろ》　34歳　無所属・新
20　牛尾《うしお》和恵《かづえ》　33歳　無所属・新
21　平塚《ひらつか》正幸《まさゆき》　38歳　国民主権党・新
22　ないとうひさお　63歳　無所属・新

## 総額約55億円の経費をかけた東京都知事選挙が終わった

選挙が終わると心にぽっかり穴が空く。私はこれを「選挙ロス」と呼んでいる。

２０２０年7月5日、総額55億１１１７万６０００円もの経費をかけた東京都知事選挙が終わった。その時も私の心は大きな喪失感に覆われた。都知事選の選挙期間である17日間、私は寝食を忘れて22人の候補者を追い続けた。その日々があまりにも強烈だったため、結果が出てからしばらくは何もやる気が起きなかったのだ。

私は4年に1度の都知事選を「政策と人材のオリンピック・パラリンピック」と勝手に呼んでいる。都民以外も立候補できる都知事選には全国から多様な人材が集まってくるからだ。私にとって大切な「東京2020」はスポーツ界のオリ・パラではなく、都知事選だった。

なにしろ選挙の結果はその後の生活に大きな影響を与える。他人のメダルを喜べるのは一瞬だが、有権者の責任は4年間続く。候補者を応援するという点ではスポーツ観戦に似ているが、実際には「自分がメダルを取れるかどうかの戦い」だと言ってもいい。そのニュース価値はスポーツの比ではない。連日、すべての候補者の一挙手一投足をメディアが報じてもいいと思うくらいだ。

2020年の都知事選は、現職の小池百合子がなかなか出馬表明をしなかった。しかし、多くのメディアは小池の出馬表明前から「現職圧勝か」「危機下では現職有利」と盛んに報じていた。「現職の他に候補者が出ないのではないか」とも言われた。まるで選挙をやる前から結果が決まっているような報道が続いていた。

しかし、私はまったく別の予想をしていた。新型コロナによる不安が世の中を覆っている時期ほど政治の力が求められる時はない。絶対に多くの候補が名乗りを上げると思っていた。

負け戦《いくさ》をしたくない既存政党は独自の候補を立てなかった。当選のしやすさを考えて都知事選を回避し、別の選挙を選んだ人もいた。しかし、私は「自分がこの危機を救う」という気概を持った人たちが必ず多数立候補してくれると信じていた。

実際、「東京2020都知事選」の候補者は史上最多の22人となった。いずれも今の政治に強い危機感を持つ候補者たちだ。山口県（竹本秀之）、愛知県（牛尾和恵）、石川県（押越清悦）、兵庫県（服部修）、神奈川県（後藤輝樹《ごとうてるき》）、千葉県（平塚正幸、内藤久遠《ないとうひさお》）からもエントリーがあった。

そして、一人ひとりが真剣に考えた政策を世の中に正々堂々と問いかけた。それぞれが真剣に17日間の選挙戦を、駆けて、駆けて、駆け抜けたのだった。

「当選」という金メダルを手にするのは、たった一人しかいない。しかし、結果が出るまでの戦いには、心を揺さぶる数々の好プレーがあった。忘れられない言葉があった。

結果として、彼・彼女たちは選挙で負けたかもしれない。しかし、私は選挙期間中、「現場でしか見られない瞬間」を見逃すまいと走り回った。

## 多くのメディアは「主要5候補」「その他の候補」として扱っていた

東京2020都知事選に際しても、私は告示日のずっと前から取材を進めてきた。そうしなければ全候補者に出会うことが難しいからだ。

最初に都知事選の出馬表明記者会見を取材したのは4月1日。「伝説の都知事候補」「政見放送芸人」とも呼ばれたマック赤坂《あかさか》（現・東京都港区議会議員）の後継者であり、マックの付き人を3年

マック赤坂の後継者として立候補した込山洋（写真右）。後藤輝樹と仲良くスマイル！

半務めた込山洋の出馬表明記者会見だった。

翌週にはＮＨＫから国民を守る党・立花孝志党首の出馬表明記者会見があった。立花はこのときから「定数１の都知事選に同じ党から複数の候補者を立てる」と宣言していた。

東京都の選挙管理委員会が５月18日から立候補に必要な書類を配布し始めると、次第に都知事選に向けての動きは慌ただしくなっていった。

私も都庁の記者会見室に通い、次々と出馬表明をする候補予定者を取材する日々が続いた。ここで接触したのを最後に、あとの連絡は電話とメールだけになる人もいた。電話すら通じなくなる人もいた。17日間ずっと私からの電話を無視し続ける人もいた。鋼のように堅い意思がなければ、決してそのようなことはできないだろう。

多くのメディアは今回の候補者22人のうち、山本太郎、小池百合子、宇都宮健児、小野泰輔、立花孝志の５人を「主要５候補」として扱った。それ以外の候補者は、いつものように「その他の候補」として扱われた。

選挙中の６月25日には、こうしたメディアによる差別に抗議する形で七海ひろこが都知事選からの「撤退」を表明した。公職選挙法上、立候補の取り下げが認められるのは告示日の17時までだ。

前熊本県副知事としての経歴をひっさげ立候補した小野泰輔。

れいわ新選組の山本太郎。８つの緊急政策にはオリパラの中止もしっかり言及していた。

撤退の意思表示は自由だが、公選法上は候補者のままである。そのためメディアは七海の「撤退宣言」もほとんど無視していた。

メディアがあらかじめ候補者を「選別」するのは「報道の自由」として認められている。一方で、「あらかじめ選別しないメディア」が一つくらいはあってもいいと私は思っている。有権者には「入れたくない候補には入れない権利」という伝家の宝刀があるからだ。

しかし、残念ながら日本にはそういったメディアがほとんどなかった。そのため私は自分自身の取材スタイルとして、すべての候補者に声をかけて報道することを心がけてきた。

この考えを他人に強要するつもりはない。しかし、こうした私の考えを尊重して選挙取材のサポートをしてくれたのが「ニコニコ生放送」だった。

今回、私はニコニコ生放送の都知事選企画の一部をお手伝いした。最初の企画は全候補者に登壇依頼をし、告示日夜に18人の候補者が参加した「ネット演説」だ。

選挙戦中盤の6月28日には「東京都知事選挙 討論会2・5【主催：

畠山理仁チャンネル】」（全候補者22人に参加依頼。7人は同日行われた東京JCが主催する討論会への出席を選択したため、『討論会2・5』にはそれ以外の8人が参加）を開いた。

そして投開票日の夜には「【都知事選2020】もう1つの開票特番　候補者たずねて夜の街LIVE（畠山理仁チャンネル）【主催：畠山理仁チャンネル】」を行った。

いずれも「ニコニコ生放送」の理解と協力がなければできなかった。すべての候補者と視聴者にも心から感謝したい。一方で、『その他の候補』に政策なんてあるの？」と上から目線で言う人たちに聞きたい。

「あなたは選挙公報を読まずに投票したのでしょうか？」

## 「7回の逮捕歴」「最初は売名のつもりで立候補」を正直に語った西本誠

一人で22人の候補者を取材した上で書く。22人の候補者を「ネタ」的に扱う風潮には異議を唱えたい。

私はいろんな場面で何度も繰り返しているが、選挙に出るのはとても大変だ。すべての候補者は金銭的にも精神的にも高いハードルを飛び越えてきたアスリートだと思ってほしい。

今回の都知事選では西本誠（33歳）という新星が現れた。こうした新しい出会いが私をまた選挙取材へと向かわせる。

西本は「スーパークレイジー君」という名前で歌手として活動をしている。最初はこの名前を「通称」使用して選挙を戦おうとしていたが、「世間で認知されていない」という悲しい理由で選挙管理委員会に却下された。

しかし、西本は通称認定を受けられる前提でポスターを印刷していた。困った西本は苦肉の策で「スーパークレイジー君」という政治団体を立ち上げて立候補した。

西本の選挙カーは黒塗りのベンツだった。髪は金髪。衣装はまるで暴走族のメンバーが着るような文字入りの白い特攻服だった。

選挙の候補者でなければこちらから話しかけることはなかっただろう。目も合わせにくい。しかし、それでは仕事にならないので声をかけると、西本は見た目からは想像できないような柔らかい語り口で話をしてくれた。

「元暴走族で7回の逮捕歴（すべて「共同危険行為」）があります」

「中学校から少年院に5年入っていました」

「全身に入れ墨が入っています」

「銀座の高級クラブで雇われ社長をやっていました」

「百合子か、俺か」

素直で素朴な語り口と、そこで語られる内容の間には大きなギャップがあった。

西本は選挙演説で、自身の複雑な生い立ちや、「最初は売名のつもりで立候補した」ことを正直に語った。一方で、仲間とともに自分の曲「てんてんむし」を歌って踊る活動もした。「女性の家を転々とする」という歌詞の歌だ。

派手なのか。真面目なのか。どちらが本当の西本なのかと戸惑うが、どちらも西本だ。

「僕はこれまで1回しか選挙に行ったことがなかった。それもお店のお客さんに『今度娘が選挙に出るから』と頼まれて」

西本誠の選挙カーは黒塗りのベンツ。率直な語り口の演説は意外にも好評だった。

その選挙で、西本はお店で働いていた女の子たちに声をかけ、約200人を投票所に連れて行ったという。彼女たちはこれまで誰一人として選挙に行った経験はなかった。西本が会ったこともないのに応援したその候補者はわずか180票差で当選したという。

「これ、行けんじゃねーの?」

西本はそう思ったという。その一方で、社会のおかしさも指摘した。

「投票率が低い。投票所がエベレストの上や富士山の上にあるなら投票率が低いのもわかるけど、実際には近い。それなのになぜ投票に行かないのか。僕は選挙に行ったことがない若者に選挙に行ってほしいと思ってます。400万〜600万人いると言われる『選挙に行かない人たち』の票を動かしたい。僕に入れなくてもいい」

西本は「アメリカ大統領選挙を見るのが好きだ」と言った。理由は「見ていて楽しいから」。日本の選挙を「渋谷のハロウィンのように楽しいものにしたい」とも言っていた。

## 中野駅北口での西本の演説は忘れられないものだった

西本の外見と演説のギャップに人々は驚いて足を止めた。ところどころ言葉に詰まる彼の素朴な語り口に、次はどんな言葉が飛び出すのかと注目した。

この都知事選で忘れられない演説がある。それは中野駅北口での演説だ。西本は白い特攻服姿で白い手袋をし、黒塗りのベンツの前でマイクを握って静かに語りかけた。

「『オリンピックで一番覚えてるの何？』って言われた時、僕が思い出すのは日本人じゃないんです。ある外国の国で、泳いだこともないのにオリンピックに出された選手のことを唯一覚えているんです」

聴衆は立ち止まって次の言葉を待つ。

「バカじゃないのかって、最初思ったんです。その国にプールもないし。バカか、みたいな。でも、その人は初めて……。練習は25メートルプールでしかできていないけど、オリンピックで100メートル泳ぎきった。その時に、金メダル取った時よりも周りの人が『ウォーッ』てなってて……。最初はバカにしてたのに……」

西本は絞り出すように言葉を続けた。

「自分も絶対、『あの時、あいつはああ言ってたよな』とか『学歴ないけどちゃんとやってるな』と言われる人になりたい」

西本はこれからも選挙に出続けるつもりだという。

最初の選挙での得票は1万1887・698票。西本にとって初めての「オリンピック」は22人中10位という結果に終わった。

## 選挙が持つ大きな役割の一つは「良い政策」を社会が共有すること

選挙を単なる勝ち負けの場で終わらせてしまうのはもったいない。

実は今回の都知事選で22人の候補者が訴えた政策の中には、主張が重なる公約も少なくない。政策が重なるということは、社会的なニーズが高い問題だといえる。

たとえば、江戸城再建、ベーシックインカムの導入、動物殺処分ゼロ、アニマルポリスの設置などは複数の候補が掲げていた。

また、通勤ラッシュを解消するための首都高速のダイナミックプライシング（渋滞する時間帯は料金を高くするなど、時間帯によって料金を変動させる）や電車の時間帯別料金（混雑時は料金を高くする）なども複数の候補者から出ていた。

選挙に出るすべての候補者は、心のどこかに「社会の役に立ちたい」という公共心がある。他人からは理解されづらいかもしれないが、必ずある。それゆえ、たとえ自分は落選しても、自分が提案した政策が社会の中で共有、シェア、パクられることは喜ぶ。それだけでも選挙に出た意味があるからだ。

有権者が「選びたい候補者が立候補していない」と嘆いているだけでは、決していい候補者は出てこない。有権者の選択肢となる候補者は、自分たちで育てていくしかない。つまり、「選びたい候補者がいない」現状は、「今の社会に候補者を育てる力がない」ということの表れだ。

選挙の際には、最初から「主要候補」「それ以外の候補」を分けずにフラットな目で見てほしい。そのうえで「投票してもいい候補」と「投票してはいけない候補」を自分の価値基準で選んだほうがいい。あなたの価値観は、あなただけのものだ。誰も邪魔することはできない。それがあなたの持っている一票だ。

そして、できれば自分が推す候補者以外の政策にも目を向けてほしい。自分の価値基準に照らして「これはいい」「社会でこの問題意識を共有してほしい」と思う政策があれば、それを自分が支援する候補者に伝えてほしい。そうすることで、既存の候補者がより自分に近い候補者になってくれる可能性がある。つまり、ゼロから候補者を育てる「フルオーダーメイド」ではなく、すでに存在する候補者にオプションをプラスしていく「セミオーダーメイド」の発想だ。このように政策をシェアする発想が生まれてくれば、たとえ候補者が落選しても政策は生き残る。落選した候補の立候補が無駄ではなくなる。

日本第一党の桜井誠。出馬表明会見では自分を取り上げない既存メディアを大批判。

意外に思えるかもしれないが、実際に選挙に出ている候補者は、同じ選挙に出ている他の候補者の政策をあまり知らない。自分の主張を伝えることに集中しているため、なかなか広い視野で他候補の政策を見るところまでたどり着けない。そんなときに役に立つのが、一歩引いたところから選挙を見ている有権者の視点だ。

候補者にしかできないこともあれば、有権者にしかできないこともある。それぞれの立場で、社会のために役立つことをしてほしい。その行動は、きっとあなたにメリットとして返ってくるはずだ。

【東京都知事選挙結果（得票数順　投票率55・00％）】

| | | | | |
|---|---|---|---|---|
| 当選　小池　ゆりこ | 67歳 | 3661371票 | 無所属・現 |
| 宇都宮けんじ | 73歳 | 844151票 | 無所属・新 |
| 山本　太郎 | 45歳 | 657277票 | れいわ新選組・新 |
| 小野たいすけ | 46歳 | 612530票 | 無所属・新 |
| 桜井　誠 | 48歳 | 178784・293票 | 日本第一党・新 |
| 立花　孝志 | 52歳 | 43912票 | ホリエモン新党・新 |
| 七海　ひろこ | 35歳 | 22003票 | 幸福実現党・新 |
| ごとうてるき | 37歳 | 21997票 | （略称）トランスヒューマニスト党・新 |
| 沢　しおん | 44歳 | 20738票 | 無所属・新 |
| 西本　誠 | 33歳 | 11887・698票 | スーパークレイジー君・新 |
| 込山　洋 | 46歳 | 10935・582票 | 無所属・新 |
| 平塚　正幸 | 38歳 | 8997票 | 国民主権党・新 |
| 服部　修 | 46歳 | 5453票 | ホリエモン新党・新 |
| さいとう健一郎 | 39歳 | 5114票 | ホリエモン新党・新 |

| | | | |
|---|---|---|---|
| 市川ヒロシ | 58歳 | 4760・41票 | 庶民と動物の会・新 |
| ないとうひさお | 63歳 | 4145票 | 無所属・新 |
| 関口　安弘 | 68歳 | 4097票 | 無所属・新 |
| 竹本　秀之 | 64歳 | 3997票 | 無所属・新 |
| 石井　均 | 55歳 | 3356票 | 無所属・新 |
| 長澤　育弘 | 34歳 | 2955票 | 無所属・新 |
| 押越　清悦 | 61歳 | 2708票 | 無所属・新 |
| 牛尾　和恵 | 33歳 | 1510票 | 無所属・新 |

## 自分の意見を表明することは「微力かもしれないが、無力ではない」

選挙の結果が出た後、みなさんは「一人反省会」をしたことがあるだろうか。私はある。今も日々、自分の投票行動が正しかったかどうかを考えている。選挙がスポーツにおける「試合」だとすれば、次の選挙までの日々は「トレーニング」の機会であるからだ。トレーニングを積めば、次の試合ではより良い結果が出る。そのためにも、ぜひ、日々のトレーニングを怠らないでほしい。

東京都知事選挙の結果が出た後、有権者のみなさんは後悔していないだろうか。「こんなはずではなかった」と思ってはいないだろうか。

私がそんなことを書くのには理由がある。東京都内では都知事選終盤から新型コロナウイルス感染症の新規患者数が増加し始め、いまだに歯止めがかかっていないからだ。

今回の都知事選で、現職の小池百合子は「公務を優先する」「ポストコロナの選挙をする」という理由から、オンラインでの情報発信が中心だった。街頭での選挙運動は一切行わなかった。つまり、小池のリソースの多くは「都政」に注ぎ込まれたことになる。

しかし、選挙戦最終盤になると、東京都の新規感染者数は7月2日が107人、7月3日が124人、7月4日が131人と3日連続で100人を超えた。選挙終了後の7月17日には過去最多となる293人を記録している。そして7月20日の感染者数は168人。1年後にはその20倍近い数字になるのだが、当時から油断できない状況が続いていた。

この数字が意味するところは何か。それは「小池知事が都政に集中しても、感染者増大に歯止めをかけられなかった」ということだ。

もちろん、都知事が他の人であれば感染者がもっと増えていた可能性もある。だから「小池さんはよくやっている」という評価をする有権者もいるはずだ。

政治の世界に「たら」「れば」はない。そして、政治は結果責任だ。都知事選は4年に1度、有権者が自分の意思を示す貴重な機会なのだから、有権者は想像力を働かせ、常に「自分の選択が正しいのか」「正しかったのか」と自問自答しなければならない。選挙が終わっても、あなたの人生は続いていくからだ。

有権者一人ひとりが権力を監視することは、自分の生活を守ることにもつながる。自分が選んだ政治家に、より良い政治をしてもらうためのエネルギーにもなる。

選挙の時にイメージだけで政治家をまつり上げるのではなく、冷静に評価し、良い方向に進んでもらうための提言を続けてほしい。そうしないと、何度も同じ後悔を繰り返すことにもなりかねない。

最近では、検察庁法改正案、ＧｏＴｏキャンペーンなど、一人ひとりが声を上げることで政治が軌道修正するケースが続いている。このことからもわかるように、誰もが自分の意見を表明することは決して無駄ではない。今回の選挙で「微力かもしれないが、無力ではない」と言い続けたのは宇都宮健児だった。

当事者一人ひとりの声が、社会をより良い方向に導く力になる。これまで何度も言ってきたことだが、今回の都知事選を経ても私の思いは変わらない。

候補者を愛すれば愛するほど、候補者を厳しい目で見て励ましていくことが必要だ。

## 「東京アラート」の基準なら東京都庁は真っ赤、のはずだった

すでに東京2020都知事選の結果は出た。この先、任期途中での辞任がない限り、小池百合子都知事が都政を担うことになる。

そんなコロナ禍で行われた選挙戦の最終日に、東京都庁第一本庁舎前で最終演説を行った候補者がいる。宇都宮健児だ。

宇都宮は選挙戦最終盤に3日連続で都内の新規感染者数が100人を超えたことを受け、7月3日に「最終日の街頭演説を中止する」という決断をした。聴衆が集まることで感染拡大が進むことを危惧しての決定だった。

17日間という短い選挙期間、しかも、盛り上がりが最高潮となる最終日の演説を取りやめるのは前代未聞である。

しかし、選挙戦最終日になり、宇都宮は翻意して「最終演説を一人で行う」と宣言した。事前に演説場所を知らせないことで聴衆の密集を避け、応援者も呼ばず、たった一人で街宣車の上に立って演説することを決めたのだ。

私は都庁前で宇都宮の演説を聞いた。街宣車の後ろにそびえ立つ都庁は、6月11日に「東京アラー

ト」が解除されてからレインボーのライトアップが続いており、演説中は「青」で照らされていた。

マイクを握った宇都宮の声が、街宣車のスピーカーを通して聴衆のいない都庁前に響き渡る。

「3日連続で感染者が100人を超えた。なぜ、本庁舎は青いんでしょうか。東京アラートはなんだったんでしょうか！」

選挙戦中の6月30日、東京都は新型コロナウイルスの「次の波」への警戒を呼びかけるため、新たな指標を公表した。そこには東京アラートのような具体的な数値基準は設けられていなかった。もし、このときも東京アラートの基準が残っていれば、選挙戦終盤の東京都庁は真っ赤に照らされているはずだった。

宇都宮健児の都庁前での最終日の一人演説。「東京アラートはなんだったんでしょうか！」

## 舛添要一元知事が最初に取り組み実現した「自転車専用道路の設置」

2020年の都知事選で、22人の候補者が訴えた政策の中には主張が重なる公約が少なくなかった。それは社会的ニーズが高い問題だとも書いた。

しかし、すべての候補者の政策を見ている人は少ないようで、なかなか信じてもらえない。そこで、落選した候補者の政策が実際に採用された例を挙げて紹介したい。

2014年の都知事選挙で、「自転車専用道路の設置」を訴えて立候補したのが内藤久遠だ。この時の知事選挙で当選したのは舛添要一《ますぞえよういち》。私が知る限り、舛添は選挙戦中に一度も「自転車専用道路の設置」について言及していなかった。

ところが当選後の記者会見で、舛添が最初に取り組むと発表した政策が「自転車専用道路の設置」だったのだ。

どうだろう？　たとえ選挙に落選したとしても、立候補の意味があると思わせるエピソードではないだろうか。内藤は今回の都知事選にも立候補していたため、私は開票日の夜、内藤へのインタビュー中にこのエピソードを取り上げた。

「落選した候補の政策が当選した人に採用されることもある。だからいろんな人が立候補することが必要だと私は言ってきているんです」

私がそう力説すると、内藤は力強く頷きながら答えてくれた。

「そうです！」

話が伝わったと思った私は、続けて内藤にこう言った。

「内藤さんは2014年の都知事選に出た時、『自転車専用道路の設置』を訴えていましたよね。

あの政策、舛添さんが都知事就任後に実際に取り組みましたしね」

私がそう言って再び内藤にマイクを向けると、内藤から意外な答えが返ってきた。

「えっ！　そうなんですか？」

驚いた。失礼ながら、「有権者が見ているのは、そういうところですよ」とも思った。内藤は、自身の政策が都政に反映されていることを知らなかったのだ。

しかし、内藤が選挙に出て、自身の政策を堂々と世の中に問うた功績は変わらない。

今回の都知事選でも、候補者が訴えた政策が世の中にシェアされそうな機運が生まれている。それは後藤輝樹が訴えていた、満員電車解消のための政策だ。

手元に後藤輝樹の選挙公報がある人は確認してほしい。びっしりと書かれた政策の中に、次の文言を見つけられるはずだ。

「満員電車は運賃変動と乗員制限で簡単に解消可能」

混雑する時間帯の料金を高くすることで、利用者の集中を避けるというアイデアだ。これは電車だけでなく、高速道路の渋滞を解消するアイデアとして、ホリエモン新党の３人が訴えていたものと通じるところがある。

これを荒唐無稽なアイデアと笑い飛ばしてはいけない。小池は４年前、満員電車解消のための方策として「２階建て電車」を提案していた。しかし、４年間待っても２階建て電車は実現していない。

一方、後藤輝樹の「運賃変動」については、社会から反応があった。

東京都知事選終了後の7月7日、時事通信が報じたところによると、JR東日本の深澤祐二《ふかさわゆうじ》社長が記者会見で次のように発言したという。

「(混雑の)ピークをシフトするような柔軟な運賃が考えられる」

これが後藤輝樹の政策を反映したものかどうかはわからない。しかし、黙殺されがちな候補者が提案した政策の中にも、社会の役に立つアイデアが十分にあることの証拠だと私は思っている。

選挙公報に書かれたアイデアは、社会にとって「宝の山」だ。当選した候補者が選挙の際に訴えていたことを検証するためにも4年間は手元において眺めてほしいと思う。

よく見ると、「これは!」と思う面白いアイデアも見つけられるはずだ。

選挙漫遊記

# 4

選挙をきっかけに、

定例記者会見のあり方が変わった！

## 鹿児島県知事選挙

（2020 年 7 月 12 日投開票）

## 選挙に行かないことで、あなたの力はどんどん無力化される

「自分の一票は無力だ」「自分が投票したところで何も変わらない」

そう考えて選挙に行かない人がいる。

本当にそう思っているのかどうかは本人にしかわからない。しかし、「選挙に行かない理由」としては横綱級の知名度を誇っている。

選挙権は一人ひとりが持つ権利だ。だから投票に行かない自由ももちろんある。収入の4割以上を税金や社会保障費として支払いながら、政治のあり方に注文をつけないのも個人の自由である。

私自身は、棄権や白票は極めてもったいない行為だと思っている。だから選挙にこだわる。

しかし、「絶対に選挙に行かない」というのもその人の考え方であり人生だ。尊敬するかと問われればためらうが、個人の意思は尊重しなければならない。

ただし、大事なことは何度でも強調しておく。選挙に行かないことで、あなたの力はどんどん無力化される。選挙に行く人たちから選ばれた政治家が、選挙に行かないあなたに優しくする可能性は極めて低いからだ。

「公人なのだから、全体の奉仕者にならなければならない」

そう主張して政治家を叱咤激励するのは有権者が持つ権利だ。どんどん声を上げたらいい。しかし、その前に、「政治家を選ぶ権利」を行使したほうがずっとうまくいく。有権者の声に耳を傾けない政治家を当選させることは、政治を私たちからどんどん遠いものにしてしまう。

選挙に行く人たちは「選挙に行かないあなた」に対して厳しいことは言わないはずだ。「まったく、そうよねえ。私たちの一票じゃあ、何も変わらないわよねえ」

表ではそう言いながらも、自分はちゃんと投票に行っている。可能であれば、自分が応援する候補者に投票するように働きかけている。

働きかけが成功すればしめたもので、失敗しても痛手はない。結果としてあなたが選挙に行かなければ、相対的に選挙に行く自分たちの影響力が大きくなることを知っているからだ。投票に行かないと聞いて「しめしめ」と思う人も世の中にいることを知ったほうがいい。

選挙は自分の意見を表明する貴重な機会だ。その機会を最大限に活用できた人たちが選挙では勝っている。一方、興味を持たない人たちは負け続ける。ひどいときには、負けていることにさえ気づかない。

選挙に行かないことは、決して格好いいことではない。ぜひ参加して意見を表明したほうがいい。選挙運動を悪あがきだとバカにする人もいるかもしれないが、何もしなければ現実の前に白旗を揚げるだけになる。

これが「選挙に行かないことの意味」だ。私は優しいから事実を言っている。

## 経産省出身の塩田康一が初当選した

選挙をきっかけに政治が変わった例を紹介したい。鹿児島県だ。

鹿児島県では、２０２０年６月25日告示・７月12日投開票の日程で知事選挙が行われた。この知事選には、現職、元職、新人５人を含めて史上最多の７人が立候補した（届出順）。

武田《たけだ》　信弘《のぶひろ》　66歳　無所属・新
横山《よこやま》富美子《ふみこ》　73歳　無所属・新
青木《あおき》　隆子《りゅうこ》　57歳　無所属・新
三反園《みたぞの》　訓《さとし》　62歳　無所属・現
伊藤祐一郎《いとうゆういちろう》　72歳　無所属・元
塩田《しおた》　康一《こういち》　54歳　無所属・新
有川《ありかわ》　博幸《ひろゆき》　61歳　無所属・新

当選したのは経済産業省出身の塩田康一。この選挙で何が変わったかといえば、鹿児島県知事の情報発信に対する姿勢である。

鹿児島県以外の人にも「変わった」ことを理解してもらうために、選挙前の知事の情報発信に的を絞る。具体的には県知事の定例記者会見のあり方だ。

鹿児島県に限らず、各自治体のトップは定期的に記者会見を開いている。記者会見は県の方針を説明する情報発信の場であり、記者からの質問に答える貴重な機会でもあるからだ。質疑応答は知事の公式な見解として有権者にも大きな影響をもたらす。

ところが、鹿児島県知事の定例記者会見は九州地方（福岡県、佐賀県、長崎県、熊本県、大分県、宮崎県、鹿児島県、沖縄県）の中でも極めて回数が少ない状態が続いていた。

鹿児島県のサイトに記録が残る２０１３年度以降で最多だったのは、２０１３年度の年間10回（伊藤祐一郎知事時代）。それ以外の年は１ケタが続く。とくに三反園訓前知事はメディア出身であるのに記者会見が少なく、九州の中で最多だった大分県知事の年間23回（２０１９年度実績）を考えると半分以下だった。

全国には東京都のように毎週金曜日に知事の定例記者会見を開く自治体もある。会見の中身については議論は別にあるが、鹿児島県知事の情報発信は多いと言えなかった。

それでは、なぜ、鹿児島県知事の定例会見は他の都道府県に比べて少なかったのか。

知事の定例記者会見を主催してきた県政記者クラブ（青潮会）の記者は「前職の三反園訓知事が記者会見に応じようとしなかった。そこを青潮会が交渉して現在の回数をギリギリ維持してきた」のだと言った。その努力には同じ記者として素直に敬意を表したい。

しかし、青潮会主催の記者会見には、これまで大きな制限があった。記者会見で質問できる記者は記者クラブ所属の記者だけであり、私のようなフリーランスの記者には質問が認められてこなかったのだ。

## 記者会見には「クラブ非加盟の記者」がずっと参加できなかった

私は2012年3月の段階で、鹿児島県知事の記者会見に「クラブ非加盟の記者」が参加できないことを知っていた。

きっかけは、フリーランスライターの有村眞由美《ありむらまゆみ》が鹿児島県知事記者会見への参加を求めたところ、拒否されたと聞いたことだ。当時は私も青潮会と参加の交渉をしたが、結果は出せなかった。

有村はその後も粘り強く記者会見への参加を求め続け、2012年4月20日、ついに「オブザーバー（質問はできないが出席はできる）」としての参加を認められた

それ以降、鹿児島県では2012年7月8日、2016年7月10日と2度の知事選挙が行われて

いる。そのたびに有村は記者会見への参加を求めてきたが、知事が前向きではなかったこともあり、「質問できる状態での参加」は実現しなかった。

そこで有村は２０２０年7月12日投開票の知事選において、フリーランス記者の知事会見への参加について各陣営の意向を調査した。

元職・伊藤祐一郎陣営からは「記者会見等の場において、フリーランスであるか否かという区別を行うことに合理的な理由はないと考えます」との回答があった。現職・三反園訓陣営も「節度あるなら」挙手もＯＫとの回答を寄せた。塩田康一本人は当選を確実にした直後の記者会見で、「(フリーランスから)質問されたくないことはないので構わない」という回答を寄せた。

話を整理する。

今回の鹿児島県知事選挙の場において、「フリーランス記者による質問を認めない」と主張する候補者は一人もいなくなった。

元職の伊藤祐一郎も現職の三反園訓も、自らが知事職にあるときは「フリーランスからの質問」について言及してこなかった。その態度に変化が見られたのは、「選挙」という場があったからだろう。

公人である知事が記者会見に応じるのは当然の務めだ。有村は「当たり前」を選挙の機会に明らかにした。

しかし、最後のハードルがあった。知事の記者会見を主催する県政記者クラブ（青潮会）だ。私が青潮会に塩田康一新知事就任記者会見への参加を申し込んだとき、青潮会からはクラブ加盟社以外は質問できないと伝えられた。規約を変更するための総会を開く予定はなく、「今回は間に合わない」と告げられた。

しかし、新知事となる塩田は、フリーランス記者からの質問に対しても前向きな発言をしていた。これを報道する側の記者が制限するのは奇妙である。

私はさっそく「青潮会主催の記者会見に関する規約」を取り寄せた。この規約は有村がオブザーバー参加を認められた際（２０１２年４月）に変更されたものと思われるが、そこには重要な一文が盛り込まれていた。

「質問権を持った会見参加については、県と協議を続け、合意が得られた段階で規約を見直す」

記者が他の記者の質問を邪魔することは、通常考えられない。素直に読めば、質問を認める方向の書きぶりだ。それなのに、いまだに質問権を持った参加が実現していない。なぜだ。県側が抵抗しているからなのか？

私がすぐに鹿児島県の広報課に確認すると、県と青潮会との「協議」は「少なくとも２０１８年以降は一度も行われていない」と回答があった。同時に県側は「青潮会から申し入れがあれば協議の場を設ける」とも答えた。

9年にわたり粘り強く会見への参加を求めた有村眞由美（写真左）。塩田新知事には知事室前のぶら下がり取材で質問できた。

つまり、有村の要求は少なくとも2年以上放置されていた。長年続いてきた「質問禁止」とはなんだったのか。

私は青潮会に広報課とのやり取りを伝え、フリーランスの記者も新知事就任会見で質問できるように再度要望した。唯一のハードルが記者クラブではシャレにならない。メディアへの信頼が揺らぐ中、記者クラブにとっても質問禁止は得策ではないはずだ。

その連絡から数日後、青潮会の幹事社から連絡があった。青潮会は7月21日にクラブ総会を開き、全会一致でフリーランス記者の質問を認める規約改定をしたという。県知事交代のタイミングを逃せば、次は4年後になりかねなかった。当初の方針を変更して総会を開いた幹事社の判断を歓迎したい。

これにより、私のようなフリーランスの記者も鹿児島県知事会見で質問できるようになった。知事が変われば記者会見も変わるのだ。

## 事前申請していた私は会見に参加できたが……

私は7月28日の塩田康一新知事の就任記者会見に出席し、直接質問した。

まずは歴代知事の定例会見の少なさを指摘し、情報発信の回数を増やすかと聞いた。

「情報発信の機会が他の県と比べてどうかということは、少ないと言われれば少ないのかなと。私の印象でいうと前の知事は結構露出が多かったような気がしているんですけれども、そのへんは、みなさん、青潮会のみなさんのご要望なりを踏まえて検討していきたい」

地味な質疑だが、こうした積み重ねを記録に残すことで、知事は自身の発言に責任を持つ。もし、記者会見の回数が減ったり前言を翻《ひるがえ》したりすれば追及されることになる。

ただし、大きな課題も残された。それは記者と記者との間で起きた問題だ。

青潮会主催の記者会見には、参加できる記者の条件が設けられている。その基準に納得しないフリーランスの記者もいたからだ。

7月28日の就任会見当日、事前申し込みをしていない記者が会見に参加しようとしたことで、青潮会とフリーランスの記者がモメた。青潮会は「事前申請がない」という理由で会見場の入り口を塞ぎ、フリーランス記者たちの入場を物理的に阻止した。

有村を含む、排除されたフリーランス記者たちの主張はこうだ。

「県知事の記者会見は税金で建てられた庁舎内で行われている。庁舎を管理する権利は県が持っている。県側は我々フリーランスの記者を排除しないと言っている。今日の初登庁から就任式までの取材で何も問題を起こしていない。それなのに記者クラブが記者会見からフリーランスを排除するのはおかしい」

青潮会側の主張はこうだ。

「記者会見は青潮会が主催している。県との信頼関係が損なわれないように参加者には事前に申請してもらっている」

両者の言い分は平行線をたどった。会見場の中では記者会見が始まったが、私はまだ会見場の外にいる。それに気づいた青潮会の幹事社が私に言った。

「畠山さんは事前申請いただいたので中に入ってください」

私は後ろ髪を引かれる思いで会見場に入って質問をした。そもそも質問をしたくてやってきたからだ。記者クラブの問題はあるが、まずは質問することが大切だと考えた。

記者会見を終えて外に出ると、青潮会とフリーランス記者の話し合いはまだ続いていた。彼・彼女らは就任記者会見に出ていない。記者として、これほど不幸なことはない。

その話し合いが一旦終わった。そこで青潮会主催の就任記者会見に参加できなかったフリーランスの記者たちは、あらためて塩田康一新知事に取材の機会を求めた。すると、塩田知事は同日夕

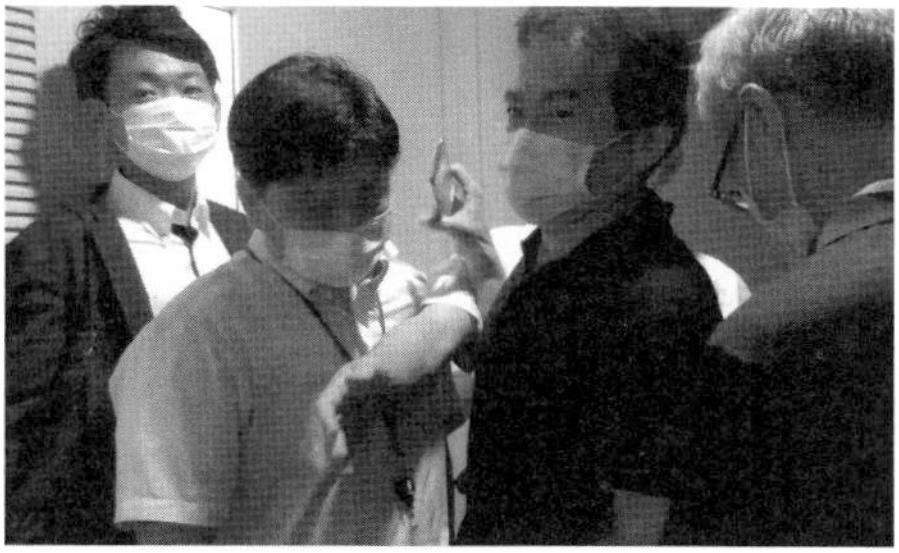
7月28日の知事就任会見当日、青潮会とフリーランスの記者が会見の入場をめぐってモメた。

方、フリーランス記者たちのぶら下がり取材に応じた。
私もその場に同席し、塩田知事に質問した。

畠山「私以外の4人は青潮会主催の記者会見に出られていません。そうしたフリーランス記者の取材に対応する塩田知事の基本的な考えを教えてください」
塩田「私としては青潮会のもの(会見)は青潮会のものだけれども、一定の記者の方であれば取材に来ていただくというのは、別にそれは排除するものではない」
畠山「青潮会主催の会見に参加できない記者に向けて、またこういう機会を持つお考えはありますか」
塩田「スケジュールの許す限り(応じたい)。他の人でもそういう機会があれば、別に個別の取材でも決してそれは排除するものではないです」

有村の9年にわたる戦いは無駄ではなかった。どの記者にも分け隔てなく対応する「当たり前の知事」が誕生したのだ。
私は鹿児島にまた行く予定である。

選挙漫遊記

**5**

保守王国で半世紀ぶりの

分裂選挙！

# 富山県知事選挙

（2020 年 10 月 25 日投開票）

## GoToトラベルで選挙漫遊

選挙は人を惹きつける。選挙の現場には人々のエネルギーが充満し、様々な感情が入り乱れる。歓喜もあれば悲哀もある。当選もあれば落選もある。そうした「選挙現場の熱」に少しでも触れれば、元気がなかった人も元気が出る。心にも体にもいい影響が出る。これがその土地の有権者でもないのに様々な選挙を訪ね歩いてきた私の実感だ。

ただ、残念なことに、その熱の魅力を知る人は少ない。日本では、まだまだ一部の人だけを対象にして選挙が行われている。

だから私はみなさんのかわりに全国各地の選挙を「漫遊」し、選挙の楽しさを伝えようとしている。

２０２０年10月8日告示・10月25日投開票の富山県知事選挙を取材しに行った理由はいくつかあった。

一つは大ヒットしたドキュメンタリー映画『はりぼて』の舞台が富山県富山市議会だったことだ。私はこの面白い映画をきっかけに富山県の政治風土に興味を持ち、実際に富山の選挙を見てみたいと思っていた。

もう一つの理由は、富山県知事選挙の半年以上前に朝日新聞から県知事選について取材を受けたからだ。取材のテーマは「知事選の候補者一本化について」。私は「身内の談合による一本化は有権者を遠ざける。多くの有権者が関心を持つためにも、立候補したい人はどんどん立候補して選挙戦が行われたほうがいい」という趣旨のコメントをし、富山版で記事になった。その行方を自分の目で見届けたいという思いもあった。

最後の決め手となったのは、「富山県知事選告示日の翌日、名古屋で講演をする予定があった」ということだ。ありがたいことに、東京から名古屋までの交通費を主催者が出してくれるという。せっかく東京から名古屋へ行くのなら、日本海側をまわって富山県知事選を見ていけばいいじゃないかと思ったのだ。

地図を見ればわかる。かなり遠回りだ。しかし、それでも選挙は見に行く価値がある。絶対だ。

富山県民には周知の事実だが、２０２０年富山県知事選挙は半世紀ぶりに「保守分裂」の構図となった。また、72年ぶりに女性が立候補する予定だった。「保守王国」と言われる富山では、久しぶりに選挙らしい選挙になりそうだったため、地元記者たちも心躍らせて取材を続けているようだった。

しかし、一般市民の間ではそれほど盛り上がってはいなかった。若い人たちの関心もあまり高くないようだと地元の記者に聞かされた。身近でガチンコの激戦が行われようとしているのに、ものすごくもったいないことである。

知事選の選挙期間は日本国内で行われる選挙の中で最も長い17日間だ。他の選挙に比べれば比較的時間に余裕がある。つまり、その気になれば全候補者に実際に出会える。だから私は富山県内だけでなく、近隣の人にも富山県知事選に足を運んでほしいと思った。私は選挙が観光資源になるくらい面白いイベントだと確信しているからだ。

私は選挙取材の情報をウェブサイトやSNSで発信しているため、取材してすぐに記事を書けば選挙期間中に多くの人の目に触れる。できれば記事をきっかけに、多くの人に激戦を目撃してほしいと思った。そのためには、まず自分が先遣隊となって現地に行くことが必要だ。

ちなみにこのとき、私は「ＧｏＴｏキャンペーン」の適用を受けて割引料金で富山に宿泊した。宿泊金額に応じてもらえる地域共通クーポンは近隣エリアで使えるということだったが、残念ながら登録店舗が多いとはいえなかった。私は時間がなかったため、コンビニエンスストアで富山の地酒を購入するにとどまった。

訪ねた地方で買い物をしたり、地元の美味しいものを食べたりするのも漫遊の楽しみだ。富山には美味しい海の幸もある。みなさんも選挙をきっかけに各地を訪れて現地の味を楽しんでほしい。

東京都知事選のように候補者が22人も出ていると、選挙取材中は食事抜きで各候補者を追いかけることが多くなる。しかし、今回は候補者が３人だったため、「氷見うどん」と「もつ煮込みうどん」を食べる時間を確保できた。「海鮮丼」「白えび」「ますずし」も楽しんだ。麺類が多くなるのは食事の時間を節約するためだ。言うまでもなく、いずれも美味であった。

## 自民党員の割合が全国一の保守王国で分裂選挙

富山県は有権者に占める自民党員の割合が全国一高い県だ。定数40人の県議会に自民党議員が34人。なんと85％を占めている。衆議院議員選挙では、県内3つの議席を自民党が独占し、前回選挙では他党候補の比例復活当選も許していない。参議院も富山選挙区の2議席を自民党が独占する文字通りの「保守王国」だ。

今回の富山県知事選挙には次の3人が立候補した（届出順）。

新田《にった》　八朗《はちろう》　62歳　無所属・新
川渕《かわぶち》　映子《えいこ》　71歳　無所属・新
石井《いしい》　隆一《たかかず》　74歳　無所属・現

「オールとやま県民連合」の共同代表も務めた、川渕映子。
なんと72年ぶりとなる女性候補だ。

ここで前回（2016年）の富山県知事選挙の投票率を紹介したい。なんと、「35・34％」で過去最低だった。ちなみに過去最高は昭和27年（1952年）の「83・48％」。直近11回の選挙はすべて候補者が「2人」しか出ておらず、長らく「無風」の状態が続いていた。

今回は、保守系の新人・新田八朗と現職で5期目をめざす石井隆一が自民党富山県連に推薦を願い出たが、自民党富山県連は現職・石井の推薦を決めた。石井は公明党本部、国民民主県連の推薦も受けた。

一方の新田は、実姉が元北海道知事で現在は参議院議員を務める高橋《たかはし》はるみ（自民党）。新田は富山市長・森雅志《もりまさし》の後援会長を務めていたことから、森市長も前面に出て新田を支援した。自民党会派を離脱して新会派を立ち上げた4人の県議も新田陣営についた。

そこに戦いを挑むのが、NPOの代表で72年ぶりの女性候補・川渕映子。川渕は県内野党に共闘を呼びかけてきた「オールとやま県民連合」の共同代表も務めた人物だ。事務所を訪ねると、川渕を支える「いのち支え合う県民の会」世話人代表の土井由三《どいよしぞう》が対応してくれた。

川渕陣営は市民団体が中心で選対を回しており、議員や支持者は個人の資格で応援する形だと説明を受けた。富山県知事選挙のひと月前、国政の場では野党が合流し、新しい立憲民主党ができた。しかし、富山で話を聞くと、立憲民主党が県知事選に関われていないことがよくわかった。なぜなら県議会にも、富山市議会にも1人も議員がいないからだ。

つまり、富山に拠点がない。だから別の地域から見ていると「野党は何をやっているのか」と思うことになる。

## まずは各陣営の事務所めぐりをしてみよう

これから選挙漫遊を楽しもうという人にオススメなのが、各陣営の事務所を訪問することだ。「ハードルが高い」と思う人は、遠くから事務所の外観を眺めてみるだけでもいい。陣営ごとに雰囲気がわかる。少し慣れてきたら、「こんにちは～」と受付に顔を出してみるのもいい。ドアを開けば、選挙事務所の中にどんな人が集まっているのかがひと目でわかる。雰囲気もわかる。

自民党富山県連などの推薦を受けた現職の石井隆一は５期目の当選を目指しひた走る。

事務所に行って何を話したらいいのかわからないという人は「候補者の政策がわかるような資料はありますか」と聞けばいい。「資料は渡せないんです」と言われたら、「どんな政策に力を入れているのか教えてください」と聞いてみるといい。どこの事務所も喜んで丁寧に対応してくれるはずだ。門前払いするような事務所は「身内や一部の有権者しか相手にしていない」と考えて差し支えない。

私は各地で選挙事務所を訪ねてきたが、富山の人たちは優しかった。フリーランスの記者と名乗るとぞんざいに扱われることも少なくないが、富山で嫌な思いは一つもしなかった。どの陣営の事務所もとても親切で、演説予定もしっかりと教えてくれた。

選挙事務所を訪ねた人は、事務所の壁や天井に貼られた「必勝」などと書かれた「為書き」を見ると面白いと思う。誰がどの候補を応援しているのかが一瞬にしてわかるからだ。

しかし、富山の場合はちょっと複雑だった。石井隆一事務所には、野上浩太郎《のがみこうたろう》参議院議員（自民党）からの為書きがドーンと貼られていた。しかし、新田八朗候補の出陣式は、野上浩太郎事務所前の駐車場で大々的に行われた。野上事務所と新田事務所はすぐ隣に位置していたからだ。

富山県出身ということもあり、衆議院議員（石川1区）の馳浩も新田八朗の応援に駆けつけた。

大勢の支援者が集まった新田の出陣式では、馳浩《はせひろし》衆議院議員、高橋はるみ参議院議員、森雅志富山市長らが登壇して挨拶した。森市長は映画『はりぼて』にも登場している。映画では「私の立場からは言えない」という塩対応ばかりしているように見えたが、応援演説では饒舌《じょうぜつ》だった。

「今回の選挙は面白いことに、3人の陣営のシンボルカラーが揃いました。誰かは赤です。そして誰かは黄色で、我々は青です。赤は止まれ。停滞のシンボルです。青は進め。前進、発展のシンボルです！」

森市長は勢いよく話した後、少しトーンを落としてこう続けた。

「黄色は『要注意』です」

絶妙な間の取り方に聴衆から笑いがこぼれる。選挙に強い人は間違いなく演説がうまい。選挙中にはいろんな応援弁士が立つから、応援弁士の演説を見比べるだけでも面白い。ときには「どうしてこの人が当選できているんだろう」と首を傾げたくなるような政治家もいる。

そこからさらに興味を持った人は、富山県内の人口構成を見てみるのも面白いと思う。

富山県の選挙人名簿登録者数は10月7日現在、88万7261人だった。そのうち富山市だけで有権者の39％以上を占めている。続く高岡市が16％、射水《いみず》市が8・5％。これらの大票田でどう支持を拡大するかが勝敗を分けるポイントになる。

## 告示前に設置されたのぼりは、撤去までは求められない

街中を車で走ると、各所でのぼり旗を見つけた。候補予定者と現職議員や市長の顔が大きく載った「演説会告知」ののぼりだ。

新田が社長を務めていた日本海ガスの敷地にも多くののぼりが立つ。告示後は新たに設置することはできないが、告示前に設置された場合、撤去までは求められない。公職選挙法の隙間をついた

作戦だ。石井陣営も同じような「演説会告知」ののぼりを各地に立てていた。

石井事務所を訪ねると、藤井《ふじい》眞次《しんじ》事務局長が対応してくれた。事務所入り口には「感染症対策」との注意書きが大きく掲げられ、検温と手指のアルコール消毒をしてから中に入るよう促される。テーブルの上は感染症対策のため透明なアクリル板で仕切られている。アクリル版を挟んで座った藤井事務局長が重点政策を話してくれた。政策ビラよりもさらに詳しい46ページもある政策集はウェブサイトから誰でも入手できると説明を受けた。

石井陣営も新田陣営も、電話での投票依頼に力を入れていた。その数はそれぞれ数万単位。もちろん、各地での街頭演説や個人演説会も精力的に開く。新田の出馬表明は昨年12月だったが、今年初めからミニ集会を約２５０回、街頭活動を１５０回、県内を50回以上周回してきたのだと陣営関係者が教えてくれた。

各所で見つけたのぼり旗。告示前に設置された場合、撤去までは求められない。

富山県知事選挙で特徴的だったのは、すべての陣営が屋内での個人演説会を開いたことだ。コロナ禍においては敬遠されがちだった屋内集会も、徐々に人数を絞って開かれるようになってきた。

告示日には、新田陣営、川渕陣営が街頭演説の他に富山市内でそれぞれ3回の個人演説会を開いた。石井陣営は高岡市で5回の個人演説会を開いた。各陣営が25日の投票日に向けて熱い戦いを繰り広げていた。

唯一気になったことがある。各地で取材をしていても、社会を支えるど真ん中の世代である「アラフォー」の姿があまり見られなかったことだ。

知事選は4年に一度しかない。ぜひ、この機会に少しだけでも関わってみてほしい。事務所を見るだけでも意識が変わる。余裕があれば1日だけでも選挙を手伝ってみてほしい。そして万が一、「この人たちには任せられない」と思ったら、「任せられる人」を自分たちで探すことを始めてほしい。「任せたい」と思う人を立てなければ、自分が望む政治はやってこない。何度でも言うが選挙に勝てるのは「立候補した者」だけなのだ。

知事の任期は4年間もある。これから4年間を誰に託すのかを、富山県の人たちはそれぞれが真剣に考えなければならない。選挙を手伝えば、選挙の後も政治に意見するパイプが生まれる。そうすれば、自分の意向が政治に反映される可能性も開かれる。

もっとはっきり言う。相当な幸運がない限り、選挙に行かない人、選挙で投票しない人の意向が政治に反映されることはない。そう思ったほうが賢明だ。

## ラグビーと同じく、選挙もルールを知れば面白くなる

私が富山県知事選挙告示日のレポートをウェブサイトにアップすると、さっそく私のもとには富

山県民からいろいろな情報が届くようになった。

「なりふりかまわぬ汚い選挙活動」

「気持ちの悪い、みっともない選挙戦」

「あんなズル賢いやり方があっていいのか」

どうにも穏やかではない。私に連絡をくれた人の中には、「あれは選挙違反じゃないかと選挙管理委員会や警察にも相談に行ったが、彼らはまったくやる気がない」と憤る人までいた。


何のことを言っているのかわからない人もいるだろう。そこで、富山県の方々が私に訴えてきた内容をまとめると、おおむね次の3つだった。

1：候補予定者ともう1人の弁士、2人の顔写真が入った演説会告知の「のぼり旗」が県内のあちこちに乱立した。最初は新田陣営だけだったが、石井陣営も続いた。選挙期間に入っても立っているが、あれはいいのか。
2：新田八朗としか思えないシルエットのイラストを掲載したビラが新聞に折り込まれていた。あんなことをしてもいいのか。
3：国道に青いものを持っている人たちが大勢並んで車に手を振っていた。ブルーシートを広げている人たちもいた。みっともない。

結論から言う。どれも法的にはセーフである。

のぼり旗については、告示日前に設置されたものであれば撤去を求められない。

ビラの実物も確認したが問題はなかった。公選法で認められた「確認団体」による活動だったからだ。なぜ写真ではなくシルエットかといえば、公職選挙法を守るためである。

公職選挙法では、確認団体のビラには「氏名や氏名が類推されるような事項」を掲載することができない。具体的に言うと、写真や似顔絵はNGだ。しかし、不思議なことに、シルエットならOK。肩書を書くことも問題ないことになっている。

選挙のことを知らない人は不思議に思うだろう。しかし、本当だ。

だから党派を問わず、全国各地のいろんな選挙で、この種のビラが使われてきた。「2人の顔写真が載ったのぼり旗」も、私は富山県外の選挙で見たことがある。「ポスター」の場合は撤去しなければならないが、告示前に設置された「のぼり旗」ならそのままでもいいからだ。

私が「よその選挙も見てほしい」と言っているのはそういうことだ。他人の選挙から学ぶべきことはたくさんある。

もちろん、ルールを破って選挙違反をするのは悪いことだ。しかし、法律の範囲内でやることは問題がない。それは「モラルがない」と批判されるリスクも背負っているからだ。

しかし、有権者が選挙に興味を持っていなければ、その作戦が「モラルがない作戦」なのかどうかも判別できない。場合によってはルール破りの「やったもん勝ち」を見過ごしてしまうことにもつながってしまう。

だから私は選挙に関心を持ってほしいと言い続けている。ラグビーのルールを知れば、ワールドカップを面白く観戦できる。同様に、選挙のルールを知れば面白く政治に参加できる。

もし、現在のルールに不備があると考えるなら、手続きに則って改正を求めればいいだけだ。私たち有権者にはその力がある。わかりやすく言えば、おかしな選挙のルールを是正してくれる政治家を当選させればいい。それができるのが民主主義社会だ。しかし、私たちはそれをしてきただろうか。

現状のルールは、私たちが選んだ政治家によって作られてきた。つまり、あなたが「おかしいと思うルール」を温存してきたのは、選挙のルールを知らない有権者自身である。

## 「こんなすごい選挙はこの先50年ないかもしれない」

富山県知事選挙は1977年から2016年までの11回、すべて候補者が2人しかいなかった。そして、過去の選挙結果を見ればわかる通り、いつも大差がついていた。一票差で勝敗を争うような、横一線での選挙戦は長らく経験してこなかった。

そのことが原因で、富山県の候補者も有権者も、選挙戦術の最新トレンドをつかめていなかったのではないか。だから富山県の有権者は、公職選挙法の隙間を突く作戦に大いに戸惑った。汚いやり方だと罵る人もいた。中には激怒する人までいた。

私から見ると、富山県民は選挙に対して、「超」がつくほど純朴だったのだと思う。そうでなければ、前回知事選の投票率が歴代最低の「35・34％」になるはずがない。3人に1人しか投票しない選挙は、どう考えても異常である。そして、その異常事態は日本各地で起きている。

当選した新田八朗。実姉は元北海道知事で、現在、参議院議員の高橋はるみ（自民党）だ。

富山で投票に行かない人たちは「純朴で生真面目」な人が多いのだろう。入れたい人がいないから、と自分の一票を捨ててきたのかもしれない。しかし、政治的無関心は生命と財産に関わる。自分のためにも、そろそろ選挙と政治に興味を持ったほうがいい。

純朴であることが悪いと言っているのではない。フェアプレーできれいに勝つのが理想だという考え方も理解できる。

しかし、選挙は「戦い」だ。結果は選挙に無関心な人の生活も直撃する。だからルールの範囲内であれば、勝つためにできる限りのことをするのは当然だ。そして、その方法は、全国各地で選挙が行われるたびにアップデートされ、日々洗練されていっている。

今回、新田陣営には選挙プランナーの松田《まつだ》馨《かおる》が入っていた。

決起集会での派手な演出は、新田本人が「賛否両論あった。ロックコンサートと勘違いしているんじゃないかとも言われた」と認めていた。しかし、それでもやってよかったと新田は続けた。

「ぜひ今までと違うやり方を盛り込みたいと思っていました。そういう点で富山県の方々には目新しいこともあったんだと思います」

のぼり旗による知名度アップ作戦は、当初、大きな批判を浴びた。しかし、現職の石井も同様の作戦を始めたことで批判は減った。ルール違反ではないから石井も取り入れたのだ。

確認団体によるビラの折込を「物量作戦」「金がある人しかできない」と批判する人もいた。しかし、選挙は結果が大切だ。勝つために全力を尽くすのは、どの陣営も同じだろう。

今回の富山県知事選で勝ったのは、数多くの作戦を繰り出した新田八朗だった。


【富山県知事選挙結果（得票数順　投票率60・67％）】

| | | | | |
|---|---|---|---|---|
| 当選 | 新田　八朗 | 62歳 | 285118票 | 無所属・新 |
| | 石井　隆一 | 74歳 | 222417票 | 無所属・現 |
| | 川渕　映子 | 71歳 | 25085票 | 無所属・新 |

10月25日20時。投票箱が閉まった直後、NHKが「新田氏当選確実」を打った。現職を相手にする新人候補が「ゼロ打ち」で勝つのは異例のことだ。

挨拶に立つ人が代わる代わる音頭を取り、何度もバンザイが繰り返された。「為書き」の上には「祝当選」の紙が上貼りされた。これが「富山方式」の選挙なのだという。

当選直後、選挙プランナーの松田馨は興奮を抑えきれない様子で私にこう言った。

「こんなすごい選挙は、この先50年ないかもしれない。もう引退しようかな……。引退は冗談ですけど、それくらいすごい逆転劇でした」

## 新田陣営で開票待ちをした理由

私は選挙戦最終日の10月24日（土）早朝に富山入りした。23日夜に東京・新宿でトークイベントがあったため、それを終えてから深夜バスで富山に向かったのだ。バスの料金は3700円。

土曜日の早朝から3陣営の活動を見てきたが、明らかに勢いに差があった。率直に言えば、新田陣営に一番活気があった。

土曜日の朝一番に石井事務所を訪ねると、自民党富山県連幹事長の五十嵐《いがらし》務《つとむ》富山県議が対応してくれた。情勢をどう見ているかと私が聞くと、「横一線の戦い」と非常に重苦しい雰囲気で一言しか発しなかった。

私はいつも一人で全候補者を取材する。だから複数の候補がいる場合、投票締め切り時間の日曜20時をどこで迎えるかで悩む。それは「当確の瞬間」を記録したいからだ。

場所の選定を誤ると、大切な瞬間を逃してしまう。しかも、選挙は最後までなにがあるかわからない。だから毎回、最初にどこの事務所に行くかが大きな賭けになる。

しかし、今回は最終日に各陣営の活動を見終えたところで、悩まず新田事務所に行くことを決めた。完全に事務所の雰囲気が違った。「勝つ雰囲気」というのは間違いなくあるのだ。

3陣営の事務所は告示日にも訪ねているが、選挙戦最終日の石井事務所の雰囲気は明らかに硬かった。川渕事務所は平常運行だった。そして、新田事務所は人の出入りが最も激しく活気にあふれていた。それぞれが自分のなすべき仕事を理解して動いていた。事務所を訪問し、街頭演説を現場で見ていると、情勢が肌感覚でわかる。

たとえば、石井は最終日に公明党本部前で街頭演説を行っている。この時、公明党富山県本部代表の吉田《よしだ》勉《つとむ》県議が応援演説をしていたが、公明党本部前に聴衆が誰もいないことに私は驚いた。公明党が絡んでいる選挙で「聴衆ゼロ」は非常に珍しいからだ。

石井は通りすぎる車に向かって演説をしていたが、公明党は街宣車を安全に停めるための駐車場を貸しただけのようにも見えた。公明党は県議会で1議席、富山市議会では4議席持っている。それなのに聴衆が一人もいないのはあまりにも寂しい。走り去る車に向かって演説する石井はどんな気持ちだったのだろうか。

その日の夜19時。石井陣営が富山市内の環水公園野外劇場で開いた「結束集会」も見に行った。野外劇場だから、舞台としては絵になると思って行った。応援弁士に今井絵理子《いまいえりこ》参議院議員が駆けつけるとも聞いていた。

しかし、現地を訪ねると、現職知事の最終演説なのに２００人ほどしか集まっていなかった。しかも、会場は人通りが少ない夜の公園だ。たまたま通りがかる人は誰もいない。駅からも遠いため、知り合いだけが集まっている感じだ。運動を広げようという雰囲気がまったく見えない。「結束集会」だから内輪だけでもいいのだろうか。最終日の最後の演説会場になぜこの場所を選んだのか、まったく理解に苦しんだ。

石井陣営にも今井絵理子参議院議員らが応援に駆けつけたが。

一方、新田陣営の最終演説は富山駅前の商業施設「ＣｉＣ（シック）」前の広場で行われた。こちらは主催者発表で５００人が参加した。見た目の感覚でも、石井の結束集会より確実に多くの人が集まっている。こちらの応援弁士には、馳浩衆議院議員もやってきた。ちなみに前日の金曜日には森喜朗元首相が新田の個人演説会で応援演説をしていた。

新田陣営の支援者は、手に青い風船や「新田」と書かれた青い名札のような証紙ビラを持って振っていた。動きが出ることで人数が1・5倍増しに見える効果がある。

駅前だから、まったく関係ない人も通りがかる。そうすると、集会参加者の数はより多く見える。すべての人がじっとしているわけではないから、聴衆に動きが出てライブ感も出る。

最終演説の舞台設定は、明らかに新田陣営が勝っていた。

## 東京～富山より、富山市内のほうが交通費が高い⁉

私は告示日に続いて、投開票日も富山県で迎えた。私が富山を再訪できた最大の理由は、非常に安く来られたからだ。

私はいつも自分の興味で選挙取材先を決めている。そのため、ほとんどの場合、誰も取材費を出してくれない。だから毎回、「旅費をどう抑えるか」が最大の悩みになる。

今回も私はどうすれば安く地方の選挙取材が続けられるかを考えた。たどり着いた答えが「深夜バス」だ。

今回は10月23日（金）の深夜に東京を出発するバスに乗り、24日（土）の早朝6時30分には富山に着いた。料金は前述したとおり、片道３７００円。選挙戦最終日の土曜日と投開票日の日曜日は結果が出るまで取材したい。そうなると、最低2泊する必要がある。

どうするか……と悩みながら宿を探すと、ＧｏＴｏトラベルキャンペーンで「2泊５０００円」のホテルを見つけた。その上、１０００円分の地域共通クーポンももらえる。

月曜日は北陸新幹線で帰りたい気もするが、贅沢はできない。一番安く東京に戻れる方法を探したら、また深夜バスだった。

10月26日（月）の富山発新宿行の深夜バスは、なんと片道１９００円。つまり、今回の富山県知事選取材（2回目）にかかる交通費と宿泊費は合計１万６００円！　これはかなり安い！

……と思っていたが、落とし穴があった。

地方の選挙取材は公共交通機関では行けないような場所に行くこともある。投開票日の夜中には、自分の都合で各事務所や開票所を移動する必要もある。つまり、レンタカーを借りなければならない。

そこで今回は2日間レンタカーを借りた。すると1万５０００円かかった。車を借りなければ、もう一度富山に来られる金額だが、車がなければ取材ができない。取材ができないのなら、来る意味がない。つまり、現場で自分の思う通りに選挙を見るためには削れない経費だ。行き帰りは深夜バスでも、現地に来られなくなるよりはずっといい。現地に来れば、必ずためになる発見があるからだ。生きていく上で、心の貯金に勝るものはない。バスでの長距離移動は体にこたえたが、私は大きな満足感を覚えた。

選挙が終わった後、その土地の有権者には大きな仕事が待っている。自分たちが選んだ知事が、任期中の4年間、しっかり仕事をしてくれるかどうかを注視していくことだ。

この仕事は選挙に行かなかった有権者にもお願いしたい。今回は有権者の39・33%、じつに34万7195人が大切な「一票」の権利を捨てていた。

知事選挙はゴールではなく、任期4年のスタートだ。マニフェストに書かれたことが4年後に実現されているかどうかを検証し、見届けるまでが有権者の仕事である。

開票会場を俯瞰してみる。マスク着用で密を避けた作業が行われていた。

選挙漫遊記

**6**

〝2回目のラストチャンス〟も反対派多数。

「大阪都構想」真の勝者は誰だったのか？

# 大阪市住民投票

（2020年11月1日投開票）

## 「大阪都構想」は2015年の住民投票に続いて再び否決された

大阪の街を歩いた後、カラフルなビラでいっぱいになったカバンを見て思った。今回の住民投票における一番の勝者は「印刷屋さん」だったのかもしれない。

2020年11月1日夜、大阪市の有権者約220万人を対象に行われた住民投票の結果が出た。この住民投票の正式名称は「大阪市を廃止し特別区を設置することについての投票」という。大阪維新の会が主導してきた、いわゆる「大阪都構想」(令和7年1月1日に政令指定都市の大阪市を廃止して4つの特別区に再編すること)への賛否を問うものだ。

投票率62・35%となった住民投票の開票結果は「反対」が69万2996票(50・63%)、「賛成」が67万5829票(49・37%)。これにより「大阪都構想」は2015年の住民投票に続いて再び否決された。

私は前回の住民投票時も大阪で取材をしていた。その時と比較すると、街中の盛り上がりはさほど変わらない。しかし、街中で配られるビラの種類と量が前回とは明らかに違った。

とにかく街中を歩けばビラを配る人に出会った。配布されるビラには「大阪都構想に賛成」のものもあれば「大阪市廃止に反対」のもののもある。

賛成派の大阪維新の会が開く「まちかど説明会」の会場では、同党のイメージカラーである黄緑色のスタッフジャンパーを着た人たちが「どうぞ」とビラを手渡す。そのすぐそばの駅出口では「反対派」もビラを配布する。しかも、反対派が配布するビラは一種類ではなく、何種類もあった。前回と比べると、明らかに種類も量も増えていた。

賛成派、反対派が展開する「投票運動」には公職選挙法が準用される。しかし、通常の選挙とは違う部分もある。ＣＭやビラの枚数には制限がなく、事前運動や投票当日の活動も認められている。Ｔシャツに書く文言も自由。私のカバンがビラでいっぱいになったのは、通常の選挙とは違って大規模な「物量作戦」が認められているからだった。

「投票日当日も活動できる」のは選挙と住民投票との違い。反対派、日本共産党の宣伝カー。

投票日当日も、賛成派、反対派の多種多様な宣伝カーが街中を「ＹＥＳ」「ＮＯ」と走り回ってにぎやかだ。その様子を見た大阪市民は「投票日当日も活動できるのはいい。忘れず投票に行けるから」と言っていた。

街中では反対派が数人のグループになってビラを配っている姿をあちこちで見かけた。一人で街頭に立ち、自前の拡声器で「反対」の演説をしている人もいれば、大型のビジョンカーで「反対」を訴えるグループもいた。

一言で言えば、前回よりも反対派の活動が活発化していた。誰もが気軽に政治的な声を上げられるのは悪いことではない。その一方で、「都構想賛成派」の動きは黄緑色の団体だけが目立っていた。

## 吉村府知事が5年前にツイートしていたこと

「大阪都構想」は大阪維新の会の看板政策だ。2015年の住民投票(投票率66・83%)では「反対」が70万5585票(50・38%)、「賛成」が69万4844票(49・62%)で否決されている。この投票結果を受け、当時大阪市長だった橋下徹《はしもととおる》は政界を引退した。

2015年の住民投票時、「大阪が一つになるラストチャンス」と主張して敗北した橋下が何と言ったか覚えているだろうか。

「大変重く受け止めます。僕が提案した大阪都構想、市民のみなさんに受け入れられなかったということで、やっぱり、間違っていたということになるんでしょうね」

「それはもう政治ですから。これはもう負けは負け。ここは公務員と違うところです。これは戦を仕掛けてね、完全に叩き潰すと言って、こっちが叩き潰されたわけですから」

「政治家は、もう僕は、僕の人生からも終了です」

ここでもう一つ思い出してほしい発言がある。当時はまだ衆議院議員で、大阪維新の会の「都構想推進本部」（本部長：橋下徹）の局長も務めていた吉村洋文《よしむらひろふみ》（現大阪府知事）の言葉である。

吉村は前回の住民投票翌日（2015年5月18日）、自身のツイッターに次のようなコメントを投稿している。

「都構想の住民投票、残念な結果となりました。応援頂きました多くの皆様、力不足で申し訳ございませんでした。大阪市民の最終判断なので重く受け止めたいと思います」

もう一度確認しておく。これは2015年の発言だ。しかし、吉村も大阪維新の会も「都構想」を簡単に捨てることはなかった。

2019年には、当時の松井一郎《まついいちろう》大阪府知事と吉村洋文大阪市長が任期途中でダブル辞任した。そして、松井が大阪市長選挙に、吉村が大阪府知事選挙に立候補する「クロス選挙」まで仕掛けている。これは公職選挙法が想定していない「脱法的手法」だった。

このクロス選挙で、松井、吉村がともに当選したことで、「都構想」への再チャレンジが既定路線となった。大阪維新の会はそこまでして「都構想」にこだわり、今回の住民投票にこぎつけたのだ。

そして今回、松井も吉村も「ラストチャンス」と繰り返して住民投票に臨んだ。「何回ラストチャンスがあるんだよ」というツッコミを受けつつ臨んだ住民投票の結果が「反対多数」という大阪市民の声だった。

## 「3度目の大阪都構想への挑戦」を明確に否定した

11月1日の夜、私は大阪維新の会が記者会見場に設定した大阪市内のホテルにいた。会見場の一角にはテレビが設置され、そこではNHKの開票特別番組が流れていた。

22時44分。NHKが「反対多数が確実」と速報すると、報道陣から「おお!」と大きな声が上がる。この速報を受け、会場には「15分後に記者会見を始めます」とアナウンスが流れた。

23時。会見場に現れたのは、大阪維新の会の松井一郎代表(大阪市長)、吉村洋文代表代行(大阪府知事)、公明党大阪府本部の佐藤茂樹《さとうしげき》代表(衆議院議員)、土岐恭生《ときやすお》幹事長(大阪市議会議員)の4人。最初にマイクを持った松井代表は晴れやかな表情でこう言った。

「住民投票に参加していただいたすべての市民の皆様にお礼申し上げます。2度目の敗北。公明党さんに多大なるご支援をいただきましたが、すべて私の力不足」

「まさに大阪市民のみなさんの民意。しっかり受け止め、大阪が良くなるよう、今は市長ですから発展に全力を尽くしたいと思っています。これだけ大きな戦い、問題提起をできたのは政治家冥利に尽きる。本当にありがとうございました」

そして、松井は自身の政治家としてのケジメについても言及した。

「敗因は僕の力不足です。力及ばずということ。維新の先頭で旗を振ってきたが、2度目の負け。政治家として、ケジメはつけなければならない。（令和5年春の）市長任期をもって政治家終了とします」

一方、吉村代表代行は次のようなコメントを残している。

「僕自身の力不足。反対派の方の『大阪市を残したい』という熱量が強かった。大阪都構想は間違っていたんだろう。やりきった」

「反対多数」を受け大阪維新の会・松井一郎代表は、自身の政治家としての今後に言及した。

「僕自身が大阪都構想に挑戦することはありません」

吉村自身はこの日の会見で「3度目の大阪都構想への挑戦」を明確に否定した。

そもそも「ラストチャンス」の住民投票が2度も行われたことが異常だ。しかし、2度の敗北を受けても、大阪維新の会や支持者たちは「都構想」をいまだに捨てきれていない。住民投票の結果が出た後も、「半数近くが賛成している」と主張する人たちの声が根強くあるからだ。

反対派は「3度目なんてとんでもない」と思うだろう。多額の公金を投入して2度も住民投票を行い、2度とも否決されたのだから当然だ。

しかし、政治は諦めたり、興味を失ったりした者が負ける世界である。２度の否決を受け入れない勢力が存続することも民主主義の世界では認められている。

毎日新聞の報道によれば、大阪府と大阪市は２０１３年以降、「都構想」に関連する人件費や選挙などに１００億円以上の公金を投入してきた。

大阪の住民投票が私たちに教えてくれるのは「諦めなければ負けない」という事実である。

こうした言動を許すのも許さないのも、有権者が投じる一票だ。

投票の機会があるうちは、貴重な権利を行使し続けるしかない。

反対派のれいわ新選組・山本太郎代表の街頭演説も連日熱を帯びていた。

選挙漫遊記

7

「永岡桂子 vs 中村喜四郎」の代理戦争？

現職 vs 前市長の一騎打ちが熱すぎ！

# 古河市長選挙

（2020 年 11 月 29 日投開票）

## 土地の名前を聞いたら小選挙区を思い浮かべる

土地の名前を聞いた時、あなたは最初に何を思い浮かべるだろうか。名産品だろうか。風景だろうか。それともその土地に住む知り合いの顔だろうか。

私は違う。真っ先に考えるのは「衆議院小選挙区でいうと何区か。代議士は誰か」ということだ。選挙好きならわかってくれるはずだ。衆議院の小選挙区で勝ち上がる国会議員は「有権者の代表」。つまり、その土地の風土を如実に表している。

２０２０年11月22日、茨城県古河《こが》市で市長選挙が告示された。投開票日は11月29日。このとき、私の頭の中に浮かんだのは「茨城７区」の４文字である。国政では自公連立政権が続いて久しいが、茨城７区は全国でも珍しい「超特殊」な選挙区だ。

茨城７区を地盤とする現職の衆議院議員は２人いる。１人は２００５年から自民党公認で立候補し続けてきた永岡桂子《ながおかけいこ》衆議院議員（比例復活当選）。もう１人は比例復活のない無所属で当選を重ねてきた中村喜四郎《なかむらきしろう》衆議院議員（小選挙区当選）だ。

普通に考えれば、自民党と連立を組む公明党が永岡に推薦を出してもおかしくない。しかし、公明党は一度も永岡に推薦を出していない。公明党は２０１２年、２０１４年、２０１７年の３度にわたり、無所属の中村（現在は立憲民主党）に推薦を出してきた。

永岡は２００５年の初出馬から5回当選を重ね、厚生労働副大臣、文部科学副大臣、自民党副幹事長などを歴任している。しかし、すべて比例復活当選で、小選挙区での当選は一度もない。毎回中村に負け続けている。

一方の中村は、もともと自民党で科学技術庁長官、建設大臣、自民党総務局長などを歴任し「将来の総理候補」とまで言われた人物だ。ゼネコン汚職事件で１９９４年に逮捕され、裁判の末に実刑判決を受けて服役した。出所後の２００５年からは無所属の立場で小選挙区当選を重ねてきた。

これまで立候補したすべての選挙で「14戦無敗」。日本一強固な後援会と言われる「喜友会」の集票力に注目した公明党は、小選挙区で中村と協力関係を築いてきた。

ところが、２０２０年9月、中村が立憲民主党に入党したことで、この構図は変化すると見られている。反自民色を鮮明にした中村を公明党が支援することは考えにくくなったのだ。

古河市はそんな「茨城7区」の中にある。

はたして今回の古河市長選は、「永岡ｖｓ中村」の代理戦争になるのか？　次期総選挙を占うものになるのか？

行ってみるまでわからないが、やはり自分の目で見ておきたい。２００５年から「茨城7区」の選挙を見てきた私はさっそく現地へと向かった。

## 「永岡ｖｓ中村」の代理戦争ではなかった

今回の古河市長選挙に立候補を届け出たのは、現職で自民党と公明党が推薦する針谷力《はりやちから》。もう1人は元市長で茨城維新の会が推薦した菅谷憲一郎《すがやけんいちろう》である。

現職の針谷を永岡桂子が応援することはわかっていた。それでは、菅谷の応援には誰がつくのか。中村喜四郎は応援するのだろうか。

1380回目の街頭県政報告中の中村はやと茨城県議会議員に代理戦争の真偽を直撃！

私は古河市選出の茨城県議会議員でもあり、中村喜四郎の長男である中村勇太《なかむらはやと》に連絡を取った。今回の古河市長選挙で「中村家」がどんな動きをするのか聞くためだ。

「うちは市長選挙には一切ノータッチです」

勇太の答えは、あまりにもあっさりしたものだった。

本当なのか？　永岡が「はりや」を応援するなら、中村家が「すがや」を応援してもいいのではないか。

「いや、本当にノータッチです。菅谷さんとうちは関係がないんです。喜友会の皆様も両陣営ぱっくり割れるぐらいで、それぞれのお考えで自由にやってらっしゃいます。うちは本当に一切ノータッチ。代理戦争の構図にはなっていませんよ」

勇太の地元での評判は「素直すぎる」「いい人すぎて政治家には向かないんじゃないか」というものだ。実際に会って話を聞くとわかるが、嘘を言っているようには思えない。

しかし、私は疑い深い。

そこで中村勇太が週末に街頭で行っている「街頭県政報告」も見に行った。古河市長選挙の間は、喜四郎も勇太も古河市内で活動しないと決めているという。私は境町と五霞町の２ヶ所で行われた勇太の報告を見たが、たしかに古河市長選挙の話題は一切出なかった。

私は別の機会に菅谷憲一郎本人にも直接聞いた。

「中村喜四郎さんは菅谷さんを応援していないんですか」

「してもらっていません」

針谷力事務所でも「中村喜四郎は動いていないよ」と聞いた。

これで「代理戦争」ではないことがはっきりわかった。

## 現職の応援に大物が駆けつける豪華な選挙

針谷の応援には永岡桂子がぴったりついていた。告示日には茨城県の大井川和彦《おおいがわかずひこ》知事、告示翌日には森雅子《もりまさこ》前法務大臣も街頭演説に駆けつけている。選挙戦最終日には元防衛大臣の稲田朋美《いなだともみ》も来るという熱の入れようだ。

針谷の街頭演説には、自民党茨城県連の大型街宣車「あさかぜ」も投入されていた。しかも、街頭演説場所だけでなく、市内を大音量で走り回る。人口約14万2000人の自治体（有権者数は約11万7600人）の市長選挙だが、まるで国政選挙のようなにぎやかさだ。非常に豪華な選挙だったといえる。

一方の菅谷の街頭演説を見に行くと、こちらにも大型街宣車が！　茨城維新の会の大型街宣車だ。菅谷の応援には、日本維新の会の石井《いしい》あきら参議院議員がやってきた。

針谷、菅谷両候補の演説を聞くと、とにかく激しい。お互いに首長経験があるため、それぞれ話がうまい。そして、お互い相手候補に激しくツッコミを入れている。

今回の市長選挙で大きな話題となったのは、菅谷が掲げた「年末・12月緊急支援が必要　1人につき1万円支給します」「1回きりでなく『継続的な支援』が必要です。2人以上の世帯に、1万円ずつ分割支給。合計5万円の生活応援券を支給します！（1人世帯は減額支給）」という政策だ。「1人5万円支給」と聞いて、愛知県の岡崎市長選挙を思い浮かべた人もいるだろう。その政策を掲げた候補は当選した。しかし、財政調整基金をすべて取り崩すことに議会から大きな反発があり、結局は公約を取り下げる事態となった。

針谷陣営は岡崎市の例を挙げながら、舌鋒鋭く菅谷の政策を批判した。街宣車は「嘘やデマにだまされないでください！」「誹謗中傷には負けません！」と大音量で街中を縦横無尽に走っていた。

針谷自身も演説でこう述べている。

「今回、（菅谷が主張する）1万円、5万円（の支給）、検証してみました。40億円用意できるのか調べてみました。（古河市には）21億円の財政調整基金があります。それらを全部入れてもまだ足りない！」

「いつ東日本大震災と同様な災害が起きるかわからない。みなさんの命を守るために、ある一定のお金のストックは必要であります。それらを全部使い果たすというのは、みなさんの、お子さんの、そしてお年寄りの古河市を壊す政策であります！」

一方の菅谷も街頭演説で激しく応戦した。

「さきほど、石井先生とともに街頭演説をさせていただきましたが、ずっと相手候補の街宣カーが大音量で声を張り上げていました。まるで演説をさせまいとの行為に見える妨害がありました」

「アメリカ大統領選を見てください。日本人にはなじみません。邪魔をしてしゃべらせない。こんな文化、日本にはありません。選挙は品よく明るくやりたいです！」

「相手の悪口よりも、古河市をどうするかという政策を語る選挙をしようではありませんか！」

菅谷は針谷が訴える「南古河駅・駅舎」負担金（106億円）の積立についても批判していた。

「駅舎負担金だけで106億円。100年できないと言われている南古河駅。政治家は夢を語ってもいいけれども、嘘をついてはいけない。100年できなければ、それは嘘なんです！　それよりも古河駅の東と西口の活性化をしようではありませんか！　公共施設を駅周辺に集中させれば古河市は必ず復活します！」

こうした候補者自身の活動とは別に、自民党の市議団が街角でのぼり旗を立てて演説をしている様子にも出くわした。

「デマにだまされないでください！」「財源はどうするんですか！」

お互いに相手の政策を激しく批判する。使われる単語は「デマ」「嘘」と激烈だ。それでも最後は両陣営とも共通の決め台詞《ぜりふ》を残して去っていく。

「正々堂々と戦ってまいります！」

この「熱さ」があるから選挙取材はやめられない。

## 選挙事務所でライバルの評価を聞く

街頭での戦いは極めて激しい。それでは各陣営の事務所はどうか。

さっそく両陣営の事務所を訪ねてみると、どちらもとてもフレンドリーだった。新型コロナウイルス対策のため、どちらの事務所でも検温とアルコール消毒が入室の必須条件だった。

選挙取材の醍醐味は、事務所を訪ねたときにライバル候補の評価を聞くことだ。ライバルからどう見られているかは、有権者にとって貴重な情報になる。投票先を冷静に吟味するためにも、多様な声に耳を傾けることは大切だ。

「デマみたいなビラを配られて困っているんだよ！　それに対する反論ビラを出さなきゃいけなくなってね。ビラ合戦みたいになっているよ！」

針谷陣営の事務所を訪ねると、応対してくれたスタッフが数々のビラの現物を見せてくれた。古河市は選挙のたびに様々なビラが新聞に折り込まれるという。しかも、なかには怪文書まがいのものまであるという。

「一つ一つ丁寧に反論するのが大変でね。有権者はだまされないでほしい。今回、自民党も公明党も針谷を応援してくれている。でも、『1人5万円給付』を訴えた候補が当選した岡崎市の例もあるから油断はできない。『5万円』につられてしまうことが怖いよ」

もちろん、針谷がどのように考えているかも解説してくれる。こうした情報は新聞だけではわからない貴重な現地情報だ。

選挙事務所内の写真撮影も快く応じてくれた。「祈　必勝」などと書かれた「為書き」を誰が贈っているかも一目瞭然だった。針谷陣営にはあまりにもたくさんの為書きが寄せられたため、天井にまで貼られていた。

写真撮影を終えて事務所を出ると、スタッフもぞろぞろと事務所の外に出てきた。なんと、私が車を出すまで見送ってくれるのだ。車を出した後にサイドミラーで確認すると、みんな姿が見えなくなるまで深々と頭を下げていた。

日本の有権者は素直な人が多い。だから、政治家の話す言葉を額面通りに受け取って、「裏切られた」と思うことも少なくない。しかし、多様な意見を聞いておけば、政治家に対して冷静な判断ができる。ぜひ、みなさんも気軽に選挙事務所に立ち寄ってみてほしい。礼節を持って訪ねる限り、選挙事務所は誰もが歓迎される場所なのだ。

## 現場だからこそ聞ける「すごい話」

続いて菅谷憲一郎の事務所を訪れた。まだ街頭での活動が続いているため、事務所内のスタッフはそれほど多くなかった。選挙につきものの、大規模な「電話かけ作戦」もしていないという。菅谷本人が帰ってくるのを待つ間、事務所の女性スタッフが菅谷の政策について詳しく解説してくれた。

その語り口が、なんとも熱い。

「今回の選挙に限らず、有権者が関心を持たないといけないと思うんですよね。ぜひ、みなさんに関心を持ってもらえるような報道を頑張ってください！　この際、菅谷のことは置いておいてもいいんです！　ああ、でも、やっぱり菅谷のことはよく書いてほしいです！」

針谷陣営から「無理」と攻撃されている「1万円支給」「5万円支給」の財源については、遊説から事務所に戻ってきた菅谷憲一郎本人が詳しく解説してくれた。

「5万円は単年度予算ではなく複数年予算で対応するんです」

菅谷憲一郎の事務所にも直撃。本人、そして妹さんからも熱い話を聞くことができた。

財源については次のように解説した。

「国からの地方創生臨時交付金が約14億円が来ています。市は10月から4ヶ月間、『テイクアウト補助』（上限）500円を実施していますが、それは約1億円の支出です。残りの13億円はこれまでの事業の『穴埋め』に使うようで、市役所の金庫に入っていると市の職員から聞いています。また、大規模な事業の見直しで財源は確保できます」

解説の途中で有権者からの電話が入ると、菅谷本人が詳しく解説する。チラシだけでは伝わりにくい部分を一人ひとり丁寧に説明していく作戦だった。古河市の人口は約14万2000人。気の遠くなるような戦術だ。

私が取材を終えて事務所を後にする時、最初に対応してくれた女性スタッフが事務所の外まで見送りに出てくれた。そして、車に乗り込もうとする私に「若い人に選挙に関心を持ってほしい！」と何度も訴えた。車に乗ろうとすると、また「有権者が本当に選挙の大切さを理解して投票に行ってほしい」と語ってくれる。

熱い。そして正論だ。古河市の夜は冷え込んでいたが、とても途中で話を切り上げて帰れる雰囲気ではない。選挙の取材をする者として「聞かなければ」と思わせる熱がある。

外での立ち話があまりにも長引いたためか、事務所の中から菅谷本人が心配そうに出てきた。そして、私ではなく、スタッフの女性に声をかけた。

「おいおい、もういい加減にしなさいよ。記者さんは東京にこれから帰らなきゃいけないんだから、そんなに長く引き止めないで、早くお見送りしなさい」

続いて菅谷はすまなそうな顔をして私にも声をかけた。

「長く引き止めてごめんなさいね。うちの妹なんだ。思いが強すぎちゃってね……」

私が車を出す時、菅谷陣営も深々とお辞儀をして見送ってくれた。

## 選挙ほど面白く、激しく、そして大切な「お祭り」は他にない

選挙の楽しみ方として、候補者本人の話を聞く、というのは第1段階だ。第2段階としておすすめしたいのが、候補者の周りにいる人に話を聞くこと。そして第3段階は、街頭演説場所に来ている人に声をかけてみることだ。ときには予想もしなかった話が聞けるから、これはぜひおすすめしたい。今回も街頭演説場所で声をかけた男性が面白い話を教えてくれた。

「このあたりは選挙に勝つためにはなんでもやるんです。そういう土地なんです」

え？　なんでも？　私は「票の買収か？」と疑って、その男性にこんな話を振ってみた。

「朝起きたら玄関前にいきなりキャベツが生えていて、一枚むいたら現金が入っている、っていうやつですか？」

私が実際に九州であった事例を挙げて聞くと、その男性は即座に否定した。

「いや、違う」

そりゃそうだ。票の買収は犯罪ですからね……、と思っていると、男性はすぐに言葉を続けた。

「このへんは、おにぎりだ」

なんと！　買収を否定したのではなく、キャベツを否定した。おにぎりの「具」として、ご飯の

中に折りたたまれた現金が入っていたという逸話がこの地域にはあるという。

他にも「期日前投票所に1人連れてきたら5000円もらえるという話も聞いた」という。ここに書くのがはばかられるような話も聞いた。聞けば聞くほど穏やかではないが、その土地の人たちの選挙にかける強い意気込みが伝わってくる。

もちろん、実際にやったら違法だ。しかし、知識として知っておけば、気軽におにぎりを受け取って無用な犯罪に巻き込まれなくて済む。知識はあなたを守る鎧になる。なにごとも勉強だ。

私は決して票の買収をすすめているわけではない。選挙はルールを守って行われなければならない。私が有権者のみなさんに抱いてほしいのは、次のような危機感だ。

「世の中には、法を犯すこともいとわず、なりふりかまわず本気で選挙をやっている人たちもいる。そこに自分が正しく参加しないと、世の中は大変なことになる」

ぜひ、有権者のみなさんは選挙に積極的に参加してほしい。もちろん、清く、正しくだ。

選挙ほど面白く、激しく、そして大切な「お祭り」は他にない。

【古河市長選挙結果（得票数順　投票率45・99％）】
当選　針谷　力　59歳　33697票　無所属・現
菅谷憲一郎　68歳　19798票　無所属・元

選挙漫遊記

# 8

踊らない！　歌わない！

スーパークレイジー君はなぜ当選できたのか？

## 戸田市議会議員選挙

（2021年1月31日投開票）

## 公明党、日本維新の会など国政政党が支援する候補者たちも落選

みんな「負ける」と思っていたのだろうか？

2021年1月31日、埼玉県戸田市議会議員選挙の投開票が行われた。すべての開票作業が終わった2月1日午前0時58分、私が「スーパークレイジー君、戸田市議会議員選挙で当選」とツイッターに書き込むと、多くの人が当選に驚いた。私は逆に、驚く人が多いことに驚いた。

「スーパークレイジー君」とは、2020年7月の東京都知事選挙に立候補していた西本誠のことだ。西本は2020年10月に戸田市に転居し、戸田市議選に向けた政治活動を始めていた。都知事選のときは通称使用が認められなかったが、戸田市では認められた。そのため「スーパークレイジー君」という通称で市議選に立候補していたのだ。

選挙に立候補している人は、誰だって当選する可能性がある。それなのに、みんなここまで驚かなくてもいいんじゃないか？

私がそう思って選挙結果をじっくり見直すと、多くの人が驚く理由がわかった。

今回の市議選で落選した候補者の中には、公明党、日本維新の会、日本共産党、NHKから自国民を守る党など、国政政党が支援する候補者たちもいたからだ。そんな中、一政治団体である「スー

パークレイジー君党」から地方議員が誕生したことは快挙だといえる。

それでも私は彼の当選に驚いていない。当選するだけの理由を現場で見たからだ。

たしかに、遠巻きに見ている人にとって、スーパークレイジー君は異端の候補者だろう。街宣車は黒塗りのベンツ。金髪に白い特攻服。全身には入れ墨。自身の逮捕歴は7回（暴走族時代の「共同危険行為」）。中学時代から少年院に5年。従来の常識からすれば、マイナス要素が満載の候補者だ。当選困難だと思われてしまうのも、ある意味でしかたがない。

しかし、私は彼が当選する日が必ずやってくると思っていた。それは彼の選挙に対するスタンスが一貫して「正直」だったからだ。

彼は決して自分の過去を隠そうとはしなかった。隠しきれないという理由もあるだろうが、すべて自分から話した。今の自分に政治の知識や経験が十分にないことも認めた。その上で、市民のために働く政治家になりたいと愚直に訴え続けていた。

「学歴もない自分の票が、今以上に減ることはない。あとは増やしていくだけ」

朴訥な語り口の演説は、決してうまいとはいえない。しかし、自分の言葉で子どもたちにもわかりやすく話そうとする。そのことが周りにも伝わる。スーパークレイジー君の話を直接聞いた人たちは、彼の過去よりも現在、そして未来を見ていた。私は周囲の人びとの反応を見て、「当選する可能性は十分ある」と感じていた。

選挙で当選するために絶対必要な条件がある。まずは「立候補する」ことだ。そして、当選するまで立候補し続けること。彼はその条件を満たしていた。

どんなに有権者から好かれていても、立候補しなければ当選できない。一方で、一部の有権者から嫌われたとしても、立候補して一定の票を獲得すれば当選できる。スーパークレイジー君は地道な活動を重ねることで、有権者の「有力な選択肢」になった。

その結果、36人が立候補した市議選（定数26）で、25番目となる912票を獲得して当選した。

## 都知事選で別の候補者を応援していた若者たちが手伝っていた

現場で選挙を見ていない人は、「なぜ912票も入ったのか」と不思議に思うかもしれない。

しかし、スーパークレイジー君の活動を生で見た人たちは理解しているはずだ。スーパークレイジー君の周りには、多くの人たちが集まってきた。

選挙を手伝うスタッフの中には、都知事選で別の候補者を熱心に応援していた若者たちもいた。彼らは街頭で法定ビラを配ることにも慣れていた。そんな彼らがスーパークレイジー君の活動を手伝って口にしたのは、次のような言葉だった。

「ビラを受け取ってくれる人の確率がすごい。9割ぐらいの人が受け取ってくれる。政治のビラ配りは無視されるのが基本で、受け取ったそばから捨てられることもある。それなのにスパクレ君のビラだと反応がいい。みんな興味を持ってくれる。そして中身を読んだら『真面目じゃん！』と感動してくれる。ものすごく珍しいことだと思います」

もちろん候補者本人もビラを配った。一人ひとり、丁寧に手渡した。求められればビラにサインも書いた。2ショット写真も撮った。LINEも交換して一人ひとりとつながった。

候補者本人からビラを受け取った人たちは「イケメン！」「こんなに気軽に話せる政治家はいなかった」「真面目で驚いた」「頑張って」と次々に声をかけていく。

「スパクレ君のビラだと反応がいい。そして中身を読んだら『真面目じゃん！』と感動してくれる」（選挙スタッフ）

すると、スーパークレイジー君はすかさず決め台詞を言う。

「期日前投票、すぐそこでできます。投票所入場券が手元になくても手ぶらでできます。明日になると忘れちゃうかもしれないから、時間があるなら今から行きませんか。ほんの2、3分で投票できます」

若い女性が「私、これまで一度も投票したことがないんです」と戸惑うと、期日前投票所までの道順を丁寧に伝えた。その後も駅前でビラ配りを続けていると、先の女性が戻ってきて嬉しそうに報告した。

「初めて投票してきました。本当にすぐでした。こんなに簡単にできるんですね！」

私はこうした光景を短時間に何度も見た。

選挙で候補者を当選させるのは「人」の力だ。もちろん候補者本人の人柄もある。選挙を手伝うスタッフの力もある。なかでもスーパークレイジー君が他の候補者と大きく違ったのは、小学生、中学生、高校生など、選挙権を持たない若者を多く惹きつけたことだ。

子どもたちは街でスーパークレイジー君を見つけると、時には自転車で、時には猛ダッシュで追いかけた。街頭でビラ配りをする候補者を見つけると、みんなで囲んで話しかけた。そんな時、彼は決して子どもたちを無視しなかった。ときには大人よりも丁寧に対応していた。子どもたちにわかりやすい言葉で政治を語った。

子どもたちにしつこく追いかけ回されるような候補者は、なかなかいない。子どもたちはみんな自由に話しかける。候補者も演説の途中で子どもたちの声に応える。

それを見ていた多くの大人たちはこう思ったことだろう。

「選挙権がない子どもたちに政治を語ってもしかたがない」

たしかに直接の得票には結びつかない。しかし、スーパークレイジー君と言葉を交わした子どもたちは違った。まるで新しい友だちができたかのように喜んで家に帰ると、大人たちに一生懸命スーパークレイジー君のことを話した。そのエネルギーは、家庭にいる大人たちを投票所へ向かわせるのに十分な熱量だった。

「絶対、議員になって卒業式や運動会に来てほしいんだ！」

「スーパークレイジー君、もう少しで当選できそうなんだって！」

私は子どもに説得された大人たちが、半信半疑でスーパークレイジー君のもとにやってくる姿を目撃した。そして、直接彼と言葉を交わした人たちの中には、孫と連れ立って期日前投票所へ向かう人もいた。スーパークレイジー君から笑顔でビラを受け取り、4人で投票所へ向かう家族もいた。もちろん、「絶対入れねえ」と大きな声で言ってくる有権者もいた。

それでも子どもたちは次から次へと周りの大人をスーパークレイジー君のもとへ連れてくる。子どもに連れてこられた大人もニコニコする。ここまで若い世代が自発的に走り回っている選挙は、今まで見たことがなかった。

## 戸田市のポテンシャルが彼の当選を後押しした！

私が戸田市議会議員選挙に興味を持ったのは2020年9月のことだ。きっかけは、スーパークレイジー君からの電話である。

「来週、戸田市に引っ越します。来年1月の市議選に出るつもりです」

この電話の2ヶ月前、彼は東京都知事選挙に立候補し、22人中10位で落選していた。私は彼が都知事選の立候補準備で東京都選挙管理委員会を訪れたときから取材を始め、出馬会見、選挙中、選挙後も取材を続けた。彼は折に触れて選挙に出る理由を語っていた。

「アメリカ大統領選みたいに楽しく盛り上がれる選挙を日本でもやりたい」

「若者の投票率が低すぎる。少しでも興味を持ってもらって投票率を上げたい。今まで選挙に行かなかった人たちに興味を持ってもらえるのは、自分だからできることだと思う」

「今回がダメでも、当選するまで選挙に出続けます」

彼が最初の都知事選で獲得したのは1万1887・698票。得票率は0・19％にとどまり、供託金300万円はすべて没収された。通常の候補者であれば、二度と立ち上がれないほど打ちのめされる数字だ。

しかし、彼は違った。「選挙に出続ける」という宣言どおり、落選直後から次の選挙に向けて動き出していた。しかし、なぜ戸田なのか。

「親戚がいて、何度も遊びに来ていたので。絶対に選挙で当選したいんで」

それだけの理由で本当に引っ越すのかと私は思った。しかし、自身の複雑な生い立ちも自ら開示する彼が、わざわざ嘘を言うとは思えない。だから私は2020年9月の時点で翌年1月の戸田市議選を取材すると決めていた。

市議選を取材するにあたり、私は戸田市の人口構成や過去の選挙の記録を調べた。すると、人口約14万人の戸田市の特徴が見えてきた。

とにかく住民が若い。生産年齢人口が多い。人口のボリュームゾーンは、スーパークレイジー君と年齢の近い30代〜40代だ。

4年前の市議選のデータを見ると、年代別投票率は「75歳〜79歳」が1位（64・81％）だった。しかし、その人数は２８４０人。一方、投票に行った「人数」が多い世代は1位が「45歳〜49歳」で４６３０人（投票率39・51％）、２位が「40歳〜44歳」で４４１９人（投票率35・83％）。投票率は低くても、40代が他の世代を人数で圧倒していた。

もし、この世代の票を掘り起こすことができれば面白い結果が出るかもしれない。私がスーパークレイジー君の当選に驚かなかった背景には、そんな戸田市の選挙事情があった。

## 電話で諭された若者はしっかり選挙を手伝っていた

「都知事選とは全然勝手が違うんスよね。都知事選のときは歌ったり踊ったりしてましたけど、今回の市議選はパフォーマンスはやりません。地道にビラ配りと演説をしています。絶対に当選したいし、議員になって戸田市のために働きたいんで」

市議選の序盤に戸田公園駅を訪ねると、彼はビラを手にしながらそう言った。そして、夜は彼ならではの活動（スピーカーなし）を展開していることも教えてくれた。

「戸田って、夜遊ぶところがないんですよ。だから隣の蕨《わらび》市のドン・キホーテやラウンドワン、川口市とか、戸田の若者が遊びに行くところに出かけてます。この前なんて、『ポスター貼りたいから会おう』って言われて居場所を教えたら、駐車場でフルスモークガラスの車3台に囲まれました。『やべえ、ハメられた！』って思ったら、車から出てきた若者が『本気で応援します！』って言ってくれました」

こんな夜回りをしている候補者はなかなかいない。深夜に会う若者たちは選挙に行った経験がない人も多く、どう応援していいかわからないようだった。夜遅くまで選挙を手伝うはずだったのに、早めに活動を切り上げて飲みに行ってしまう人もいた。

そんな若者から電話がかかってきた時、スーパークレイジー君は電話口でこう言った。

「他の子たちは一生懸命やってくれています。ビラだって全部折ってくれたし、証紙だって全部貼ってくれた。そんな子たちをおいて一人で飲みに行っちゃうなら、もう来てもらわなくていいっすよ。みんな本気で当選する気でやってるんで」

もちろんボランティアだから強制はできない。それでもスーパークレイジー君はすぐに電話を切らない。長電話の様子から、彼がどれほど真剣に仲間たちと選挙戦を戦っているかが伝わってきた。

また別の日に活動を見に行くと、電話で諭された若者はしっかり選挙を手伝っていた。

## 子どもたちから求められ「最終日に一回だけ踊ることにしました」

スーパークレイジー君と聞くと、彼が都知事選で見せた歌や踊りのパフォーマンスを思い起こす人も多いだろう。実際、街頭活動の場で「一緒に踊ってほしい」と若者からリクエストされる場面を私は何度も見た。しかし、彼はそうした申し出を丁寧に断っていた。

「今回の戸田市議選ではパフォーマンスはやらないつもりです」

当初は頑なだった。それを解きほぐしたのは、候補者を追いかけ回す子どもたちだった。

「あまりにもたくさんの子たちから『いつ踊るの』『踊って』って頼まれちゃって。だから最終日に一回だけ踊ることにしました」

選挙戦最終日の1月30日土曜日17時30分。戸田公園駅西口には子どもたちを含めて約２００人が集まった。そこにスーパークレイジー君が黒塗りのベンツで到着すると歓声が上がった。音楽に合わせて一緒に踊る人もいた。どこまでがスタッフで、どこからが聴衆なのかがわからない。とにかくみんな楽しそうだ。

踊りが終わると、スーパークレイジー君は「子どもたちにもわかる言葉で」話した。

「スーパークレイジー君の絵本の会とかやったら、子どもを集める自信があるんです。たぶん、僕以上に集められる人はいないんじゃないかなーって。子どもの教育のことだったら、自分が少しは役に立てるんじゃないかと思っています。僕にも子どもがいますし。でも本当に、今回は子どもたちに助けられた選挙でした。勉強のためにいろんな選挙を見てきましたが、こんな選挙は見たことないです」

たしかに特別な選挙だった。投開票日の夜、開票所の前には中学生たちが選挙結果を見に来ていた。母親と一緒に出待ちをする10代もいた。彼らはスーパークレイジー君が当選したことを知ると、力強くガッツポーズをして家へ帰っていった。

「ちゃんと帰れよーって言ったんですけどね。やっぱりこんな選挙は見たことない」

## 「誰も政策のことを聞いてくれないんですよね」

異色の市議が誕生したことは市政にも刺激を与えるだろう。しかし、今回の選挙戦を取材していて、一つ気になったことがある。それは選挙戦中にスーパークレイジー君本人から聞いたこんな言葉だ。

「今回は本気で当選を目指しているから、政策も一生懸命考えて書いたんです。国会議員の人にもアドバイスをもらったりして。政策を聞かれても答えられるよう、しっかり考えて書きました。できないことではなく、自分ができることを書きました。でも……」

でも？

「誰も政策のことを聞いてくれないんですよね」

たしかにそうだった。候補者本人がビラを手渡すとみんな受け取る。でも、有権者の目はビラには向かない。目の前にいる候補者本人に注がれていた。

「政策とか聞かなくて大丈夫ですか？」

候補者本人がそう言うと、多くの有権者はこう言った。

「大丈夫！　スーパークレイジー君に入れるよ！」

「今回、結構ちゃんと政策を書いてるんですよ」

「大丈夫、大丈夫！　君を応援する！」

有権者が誰に一票を投じるかは自由だ。しかし、決して忘れてはいけないことがある。それは、選挙のたびに有権者は試されているということだ。

選挙に行く人、行かない人、どちらもリスクを背負う。誰もが政治の影響から自由になることはできないから当然だ。そして万が一、有権者のために働かない政治家を選んでしまった場合、その責任は有権者が背負わなければならない。

だから選挙の際には、大切な一票を慎重に投じたほうがいい。政治家が間違った方向に行きそうになった時、きちんとコミュニケーションを取れる相手なのかも見極めたほうがいい。

何度でも言うが、選挙は投票して終わりではない。候補者も当選して終わりではない。有権者と政治家の間に適度な緊張関係があれば、政治はきちんと機能するはずだ。私はそれこそが正しい民主主義だと思っている。

## 熱いメールはスーパークレイジー君議員本人にも必ず送ってほしい

初当選から全国的な注目を集める市議会議員はなかなかいない。しかし、スーパークレイジー君は当選直後からテレビや雑誌などのメディアで取り上げられた。

普通であれば、選挙が終わったところで世間の注目は落ち着く。市議会議員の活動に興味を持つ人は、世の中にそれほど多くないからだ。私が選挙の現場で出会ってきた有権者たちの多くも、政治家の印象を次のように語ってきた。

「4年に1回、選挙のときだけ外に出てくるセミみたいな人たち」

残念ながら、私は多くの人から同じような言葉を聞いてきた。

もちろん、目立たないだけでしっかり仕事をしている議員もいる。市議の仕事に見向きもしない有権者にも問題がある。だから政治家はもっと表に出たほうがいいし、有権者はもっと政治家のことを知ろうとしたほうがいい。きっかけが何であれ、政治家と有権者の間にコミュニケーションの機会が生まれれば、政治はもっと良くなっていく。

その意味で、当選から数ヶ月が経過しても注目を集めるスーパークレイジー君議員は大きな仕事をしたといえる。これまで他の議員ができなかった「世間の注目を集め続ける」という大切な仕事を続けている。

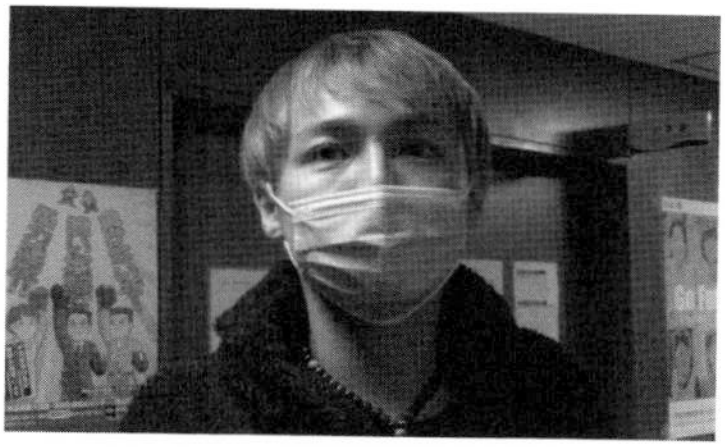
当選決定直後。「市政に関することでもっとファンを増やしていきたい」と抱負を語ったが……。

インターネット上では「戸田市の有権者は正気か」「ふざけて入れたんだろう」などと実情を知らずに批判する人たちも少なくない。しかし、貴重な一票の責任を取るのは戸田市の有権者だ。ネット上では批判の声が上がっていても、私のもとには戸田市の有権者から「スーパークレイジー君に期待する」「新しい空気を入れてくれることを応援する」というメールが何通も寄せられた。これまで選挙に行かなかった若い人たちからだけではない。選挙に欠かさず行っていた人たちからも届いた。

「私はスーパークレイジー君に落ちてほしかったです。ギリギリで引っ越してきて、ふざけたポスター。どこでも使い回せる公約で、議員になりたいだけで戸田市に来たのではないか。落ちたら引っ越すんでしょ、と感じました。戸田市が馬鹿にされたと思いました」

そんなメールも来た。それでも同じメールの最後には「当選して頑張ってくれると期待していま す」という言葉があった。

とにかくスーパークレイジー君について語られるメールは内容が熱い。これはなかなかないことだ。私はそうしたメールを読みながら、「間違っている」とも思った。

内容ではない。宛先だ。私に送ってくれるのは嬉しいが、こうしたメールはスーパークレイジー君議員本人にも必ず送ってほしいと思った。有権者からの叱咤激励は、スーパークレイジー君議員の仕事に生きてくるからだ。

## 「予想通り」有権者から「異議申出」がなされた！

９１２票を入れた戸田市の有権者の行動には意味があった。全国の人たちを熱くさせるスーパークレイジー君議員の当選には社会的な意味もあった。政治をカジュアルに語ることの門戸を確実に広げた。きっかけは何であれ、有権者が政治に興味を持つことのデメリットはなにもない。政治に興味を持たないことが招くデメリットのほうが圧倒的に多い。

批判的な目は議員に緊張感を持たせる。緊張感があれば仕事の質も高まる。有権者を裏切るような政治家は次の選挙で当選できなくなる。

スーパークレイジー君議員が当選した後、埼玉県戸田市では「予想通りのこと」と「予想外のこと」が同時に起きた。

一つはスーパークレイジー君議員の当選に、有権者から「異議申出」がなされたことだ。2月16日、戸田市のウェブサイト上に次のような文書が発表された。


【戸田市議会議員一般選挙当選の効力に関する異議の申出の受理について】


掲載された文を読むと、戸田市の有権者が市選挙管理委員会に「異議申出書」を提出したことがわかる（2月15日付）。その内容は、市選管に対し、「スーパークレイジー君議員の当選は無効とする決定を求める」ものだ。

これを受けた市選管は2月16日に会議を開き、異議申出書を受理することを決定した。市選管は居住実態について確認調査を実施し、30日以内に判断を出そうと動き始めた。

市議会議員選挙の場合、当該自治体に「3ヶ月以上の居住実態」がなければ被選挙権がない。住民票の移動だけでは不十分で、生活の実態がなければならない。異議申出書には「戸田市に生活の本拠があることが疑わしいスーパークレイジー君こと、西本誠氏は、公職選挙法第9条に違反している疑義が強く調査が必要と思料する」との文言があった。ただし、「疑義が強い」とする根拠や証拠が申出人から提示されているわけではなかった。

## 「スーパー（のレシートも保存する）クレイジー君」議員

私は1月31日に市議選が即日開票される様子を現地で見ていた。だから開票結果が確定した段階で、このような事態になることをある程度予想していた。

なぜなら、今回の市議選で落選した候補者の中には、公明党、日本共産党、日本維新の会の公認候補も含まれていたからだ。

候補者の数だけ支援者がいる。一度は「当選」とされた者の当選が無効になれば、自分の支援した議員が当選する可能性もある。異議申出は有権者の権利だから、その権利を行使する人がいてもおかしくない。選挙後に異議申出をされることは珍しいことではない。

インターネット上では、次点が公明党の公認候補だったことを見て、「異議申出をしたのは公明党関係者だ」と決めつけて疑う書き込みも見受けられた。しかし、それは早計だ。公明党の評判を落とそうとして異議申出がなされた可能性も排除することはできない。

申出人の名前は戸田市選挙管理委員会の裁定が出るまでは公表されないため、異議申出の段階で

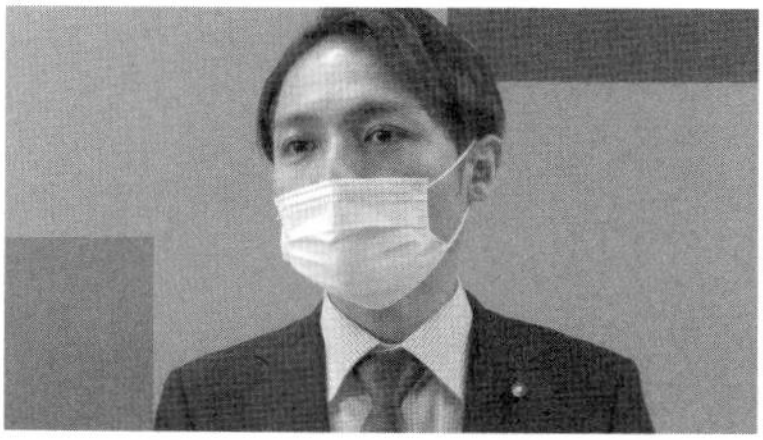
当選後も話題になったが、さらに当選無効の異議申出が提出され全国的な話題に。

真相はわからなかった。ただし、「異議申出」は有権者の権利であり、思想信条は関係ない。また、市選挙管理委員会の裁定が出た段階で申出人の名前は告示される。つまり、名前が表に出ることを承知の上で異議申出をしている。

一方で、有権者から疑念を抱かれた政治家は自ら潔白を証明する必要がある。これは民主主義社会では当然のことだ。

通常であれば30日以内に選挙管理委員会の裁定がなされる。そこで不服があれば、県選挙管理委員会に不服申立てをすることができる。そこでの決定にも不服があれば、高等裁判所で争われることになる。

私はスーパークレイジー君議員本人に連絡を取り「居住実態を証明できるのか」と聞いた。電話の向こうで彼はこう言った。

「当選無効を求める人が出てくることは予想していました。だから突っ込まれないように、買い物した時のコンビニやスーパーのレシートを保存してあります。動画や写真も撮影して証拠になるようなものを残してきました」

彼は「スーパー（のレシートも保存する）クレイジー君」議員だった。

## 議員就任前に辞職をすすめたのは「選挙管理委員会事務局長」！

当選無効の異議申出がなされるのは、ある程度「予想されたこと」だった。そのため、スーパークレイジー君議員自身も突っ込まれないように証拠を保存していた。盗まれたり紛失したりすることがないよう、分散して保管していたというから相当な危機管理能力だ。

しかし、それとは別に「予想できなかったこと」もある。それは当選無効の異議申出がなされるよりも10日以上前の2月4日夜、スーパークレイジー君議員が「市役所職員に呼び出されて議員就任の前に辞職を遠回しにすすめられたこと」だ。

スーパークレイジー君議員は2月16日22時15分、ツイッターに次のような投稿をした。

夜中に市役所職員に呼び出されて
議員就任の前に
辞職を遠回しにすすめられたこと。
まだ名前は言いませんが。
いろんな圧力には負けません。

# #圧力

これが本当であれば大問題だ。「市役所職員」はどんな立場で、どのような意図でスーパークレイジー君議員に会ったのか。すぐにスーパークレイジー君に連絡して話を聞くと、さらに驚くことがわかった。「市役所職員」は「選挙管理委員会事務局長のA氏」であることが発覚したのだ。

スーパークレイジー君議員によると、A氏は次のような言葉を投げかけたのだという。

「異議申出をする相手は巨大な組織で手強いぞ。戦う気持ちがあるのか」

「君は子どもたちに人気がある。居住実態の件でゴタゴタしたら子どもたちもがっかりするだろう。自分から辞職したほうが株が上がるぞ」

「『ごめんなさい。自分の認識不足でした』と謝って辞めたら4年後は当選できる」

「○月○日はライブで○○（戸田市以外）にいたね」

「2月1日は自宅ポストに白いテープを貼っていたね」

大切なことなので強調する。異議申出書が正式に提出されたのは2月15日。議員とA氏の会話が交わされた日は、それよりもずっと前だ。

通常、選挙に立候補する際、各候補者は居住実態について「宣誓書」を提出する。異議申出などがなければ、選挙管理委員会の職員が候補者の自宅を訪ねたりすることはない。スーパークレイジー君の自宅ポストは集合ポストではなく2階にあった。驚いたスーパークレイジー君が「家に来たんですか」と問うと、A氏は自宅を訪ねたことを認めたという。

2月18日、戸田市選挙管理委員会は委員長名で「選挙管理委員会事務局職員の対応について」とする文書を発表した。

「このたびの事務局長の議員とのやり取りに関しましては、仮に居住実態がなければ公職選挙法違反となる可能性があることを提示したものであり、辞職を求める意図はありませんでした。

また、深夜の面会となったのは、任期初日である2月6日土曜日が迫っていたことから、速やかに不明瞭な点を解消し、議員に正確な情報を伝える必要があると判断したものです。

しかしながら、たとえそのような意図であったとしても、事務局長の言動は誤解を招くものであり、不適切であったと考えております」

選挙管理委員会事務局長のA氏は、同日付で異動になったことも発表された。

## なんと異議申出前に、居住実態を調べていた？

2月18日、スーパークレイジー君議員は埼玉県内で記者会見を開いている。そこでは新たな火種も明らかになった。

戸田市議会議員選挙当選後の2月3日、スーパークレイジー君議員は戸田市内での引っ越しのため、市役所に住民票を取りに行った。その際、市民課の職員から「住民票を渡せない」と言われたというのだ。スーパークレイジー君議員が驚いて理由を聞くと「ガス電気水道を調べさせてもらっている途中」との答えだった。

これは通常の手続きなのか。もし、異議申出が出る前に居住実態を調べていたとすれば、明らかに異例の事態ではないか。そこに法的根拠はあるのか。

私が2月19日付で戸田市役所市民課に質問書を送ると、2月26日付けで次のような回答が返ってきた。

「個人情報に関する質問のため、回答することはできません。」

ただし、本人が来庁したにもかかわらず、本人に住民票の写しを交付できない場合については次のような法的根拠が示されていた。

①本人確認ができなかった場合（住民基本台帳法第12条）

②住民基本台帳の記録内容に疑義がある場合（住民基本台帳法第1条及び第3条並びに住民基本台帳事務処理要領【第2-4-(1)】）

また、住民基本台帳の記録内容に疑義がある場合、記録が正しいことを確認するため、ライフラインの使用状況等の調査を行うことがあるという（住民基本台帳法第34条）。つまりこのケースは

②であることを示唆している。

しかし、スーパークレイジー君議員の住民票は、翌2月4日に無事交付された。つまり、3日の時点で生じていた「疑義」は4日には解消されていたということになる。

そのことを知っていたのか知らなかったのかは不明だが、A氏は2月4日の夜に市役所の外でスーパークレイジー君議員と会った。そして、遠回しに議員就任前の「辞職」を話題にした。粛々と事務手続きを進めればいいだけのA氏から、何度も自発的な辞職を遠回しにすすめられたことになる。あまりにも不自然だ。

それまで個人的な話を何度もして信頼していたA氏の豹変。スーパークレイジー君が「誰かに言わされているのではないか」と不審に思うのは無理もないことだった。

私がさらにスーパークレイジー君に話を聞くと、もっと興味深い証言が出てきた。スーパークレイジー君は4日の夜、事前に得ていた情報から、A氏に「創価学会の人ですか?」と聞いたというのだ。すると、A氏は親族が信者であることは認めたが、「オレは違う!」と慌てた様子で否定したという。

私は後日、直接話を聞くためにA氏の自宅を訪れたが、A氏本人は不在だった。そこでA氏の家族に名刺を渡し、A氏の携帯電話の留守番電話にもメッセージを残した。さらにショートメールで話を聞きたいと伝えると、ようやく翌朝に返信があった。

「恐縮ですが、私がお答えできることはありません。失礼いたします」

いったい、A氏がスーパークレイジー君に言っていた「巨大な組織」とは何をさしていたのだろうか？　なぜ、A氏は自宅を調べるような行動に出たのだろうか。

これは後になって判明したことだが、異議申出人は、宗教団体とはまったく関係がない人物だった。むしろ宗教団体に対して批判的な立場を取っている人である。私が取材した限り、A氏と異議申出人の間につながりはなかった。

## 他の市議会議員が「裁判になったら面白い」と頼んで回っていた？

2月18日の記者会見で、スーパークレイジー君議員はこんなことも言っていた。

「ある宗教団体の人が『スーパークレイジー君に投票していないよね？　裏切り者を探している』と信者の家庭をピンポンして回っている。僕の友人夫婦の家にも来た」

日本は「秘密投票」の国だ。誰に投票したかを他人に言う必要はない。投票先の指図などの脅迫・強要は許されない。一人ひとりの一票はその人の大切な権利だ。それを侵害することがあってはいけない。もちろん、買収や贈賄も許されない。

また、今回の市議選で当選した市議会議員が、他の落選者に対して「スーパークレイジー君議員の当選無効の異議申出しないの？　裁判になったら面白いよね」と頼んで回っていたともいう。スーパークレイジー君議員が問いただしたところ、その議員は自分の発言を認めたという。会って話すことになっていたが、その議員は約束の場所に現れなかった。

選挙に関心を持つことは大切だ。一生懸命に選挙運動をすることも尊い。しかし、最も大切にされるべきは「有権者一人ひとりの権利」だ。そして民意によって当選した議員に対しては最低限の敬意を持って接するのが正しいあり方だと思う。

スーパークレイジー君議員の騒動をきっかけに、多くの人が「有権者の権利」に自覚的になった。また、政治にはいろいろな思惑が渦巻いていることも明らかになった。これは従来の枠組みで当選してきた議員であれば、触れられなかったことかもしれない。その意味でも、スーパークレイジー君議員は大きな仕事をしたといえる。

公職選挙法では、異議申出から30日以内に裁定をすることが努力規定として定められている。しかし、戸田市選挙管理委員会は30日以内に決定を出すことができなかった。戸田市選管がスーパークレイジー君本人や妻、友人などへの聞き取り調査を実施した結果、「居住の実態がなかった」と結論づけて「当選無効」を決定したのは4月9日のことだった。

当初から「居住実態はある」と主張してきたスーパークレイジー君は、市選管の決定を不服として「徹底抗戦」を宣言。すぐに埼玉県選挙管理委員会に審査申し立てを行った。それを受けた埼玉県選管は、あらためてスーパークレイジー君本人や妻、友人などへの聞き取り調査を行った。その結果、7月9日付けでスーパークレイジー君による審査の申し立てを棄却する裁決をした。スーパークレイジー君は戸田市選挙管理委員会、埼玉県選挙管理委員会と、2度にわたって「居住実態なし」と判定されてしまったのだ。

7月14日、スーパークレイジー君は埼玉県選挙管理委員会を被告として、東京高等裁判所に裁決の取り消しを求める訴訟を提起した。この裁判の結果が出るまでは、スーパークレイジー君は市議として活動できる。高裁での争いが最終的な戦いだ。ここで負ければスーパークレイジー君の当選無効は確定し、議員バッジを失う。

「当選後、戸田市で自分のことを応援してくれている人は日に日に増えている。戸田の人たちのためにも働きたい」

スーパークレイジー君はことあるごとにそう言ってきた。たとえ当選無効が確定したとしても、選挙に出ることはやめないつもりだという。

スーパークレイジー君は立場が不安定な間も戸田市で政治活動を続けてきた。そうした活動をどう評価するのか。有権者には、彼を当選させる権利も、落選させる権利もある。

選挙漫遊記 9

「アラフォー世代」の投票率が
直近2回の約27%からしっかり伸びた

# 千葉県知事選挙

（2021年3月21日投開票）

## 民主主義という観点に立てば、知事選挙は「全国的なイベント」だ

2021年3月4日告示・3月21日投開票の日程で千葉県知事選挙が行われた。知事選挙を「よその地域で行われるローカルなイベント」だと考える人も多いが、私は違う。民主主義という観点に立てば、知事選挙は「全国的なイベント」だと言っても過言ではない。だから、もっと注目されていい。

私がそう考える理由は次の2点である。

・自分の地域でも立候補してほしいと思える人が見つかるかもしれない。
・自分の地域でも役に立つ政策のアイデアが見つかるかもしれない。

まずは1点目について述べる。前提として思い出してほしいのは「知事選挙に立候補できるのは誰か」ということだ。

知事選挙に立候補できる要件は「日本国民で満30歳以上であること」だけだ。つまり、全国どこに住んでいても知事選挙には立候補できる。あなた自身も立候補できる可能性がある。だから、決して無関係なローカルイベントではない。

歴史を振り返ってみても、都道府県を越えて知事選挙に立候補した人はいる。代表的な例として

私がすぐに思い出せたのは次の3人だ。
・浅野《あさの》 史郎《しろう》（宮城県知事→2007年東京都知事選挙に立候補）
・東国原英夫《ひがしこくばるひでお》（宮崎県知事→2011年東京都知事選挙に立候補）
・松沢《まつざわ》 成文《しげふみ》（神奈川県知事→2012年東京都知事選挙に立候補）

立候補は大切な権利である。何度出てもいい。地盤を変えて出てもいい。ある地域での経験を他の地域で活かそうとする人が出てもいい。そして有権者には「選ぶ権利」も「選ばない権利」も保障されている。

自分が当選させたい候補者が見つかれば、周りの有権者にも一票を投じてもらえるよう働きかければいい。「こんな候補者はけしからん」と思うのであれば、「あの候補者には入れないで」と説得すればいい。当該選挙区の知り合いに別の地域から働きかけることもできる。それが選挙というイベントの楽しみ方だ。これはどこの選挙であっても応用できる。

安心してほしい。票を獲得できない候補者は当選しない。ただし、他に候補者が出ない場合には無投票で当選することも忘れてはいけない。選挙が終わった後に「あの人には当選してほしくなかった」と思っても、あとのまつりだ。だから私は複数の候補が立候補して選挙戦が行われることは、とても大切だと思っている。

もし、自分の地域でも立候補してほしいと思える候補者を見つけたら、積極的に「うちの選挙にも出てくれないか」と声をかければいい。知事選挙には「引き続き3ヶ月以上その都道府県内の同一の市区町村に住所のある者」という居住要件がないからだ。そうした人物を見つけることができなかった場合には、自分たちで立候補してほしい人を探し出して説得していくしかない。

残念ながら、今は選挙に出る人が限られている。立候補には大きなリスクが伴うから、「出よう」という意思があっても、最終的に断念する人も多い。しかし、一度ハードルを飛び越えた経験を持つ人は、また選挙に出てくれる可能性が高い。そうした人を発掘する意味でも、知事選挙は「全国民が注目すべきイベント」である。

## よその選挙で出た政策を自分の地域にも取り入れる

続いて2点目の「自分の地域でも役に立つ政策のアイデアが見つかるかもしれない」について述べる。

選挙において、各候補者は自分の考えた政策を打ち出して勝負している。そうした政策の中には、みなさんが住む地域でも活用可能なアイデアがあるかもしれない。

千葉県知事選挙にかかる経費は千葉県の負担だ。つまり、他の都道府県の人たちは1円も使っていない。各候補の政策の中から一つでもいい政策を見つけたら、それだけで得をする。よその自治体で行われる選挙は、「良い政策」を自分の地域で行われる選挙に取り入れるための「政策見本市」だと考えればいい。

自分で一から政策を考えることは大変だ。しかし、誰かが提示した政策にツッコミを入れながらより良いものにしていくのはそれほど難しいことではない。みなさんが「良くない」「間違っている」と思う政策からも、学べる点は大いにある。

このときの千葉県知事選挙には、過去最多の8人が立候補した。各候補者の基本情報は次の通りである。

【千葉県知事選挙立候補者一覧（届出順）】

熊谷　俊人　43歳　無所属・新
後藤　輝樹　38歳　ベーシックインカム党・新
加藤健一郎《かとうけんいちろう》　71歳　無所属・新
金光《かなみつ》　理恵《りえ》　57歳　無所属・新
皆川真一郎《みながわしんいちろう》　66歳　無所属・新
関《せき》　政幸《まさゆき》　41歳　無所属・新
平塚《ひらつか》　正幸《まさゆき》　39歳　国民主権党・新

河合《かわい》　悠祐《ゆうすけ》　40歳　千葉県全体を夢と魔法の国にする党・新

この顔ぶれを見て、SNS上では「千葉県終わった」「千葉県地獄」との言葉も投げかけられた。バカなことを言ってはいけない。こんなに多様性に満ちた候補者が揃う選挙はめったにない。地獄だと言うならば、なぜ自分が立候補しなかったのか。投票に行かなかった人や、投票したいと思える人がいなかった有権者は、自分好みの候補者を擁立できなかった時点で「自分が負けている」ことを認識してほしい。

私がこの選挙でとくに注目したのは候補者の年齢だ。8人のうち5人が38歳〜43歳の「アラフォー世代」である。これだけ若い候補者が並ぶ選挙はなかなかない。私はこの顔ぶれを見て、「日本で長らく続いてきた『シルバー民主主義の時代』が終わるかもしれない」と感じた。この選挙では、50代〜70代の候補者3人も、若者向けの政策をいくつも提示していたからだ。

全国的に見ても、「アラフォー世代」の投票率は高いとは言えない。しかし、千葉県知事選挙では、その世代に向けた政策が多く提示されていた。それらを自分の地域で活用できるかどうか検討することは無駄ではない。

そこで、各候補者が訴えた政策の中から、私が取材して気になったものを一部挙げてみる。千葉県知事選挙の選挙公報は、千葉県選挙管理委員会のサイトから誰でも無料で見られる。つまり、選挙を重ねれば重ねるほど、社会に共有される政策のアイデアは厚みを増していく。これらの「資産」を活用していくことは、私たちの民主主義をより豊かなものにすると私は信じている。

【千葉県選挙管理委員会の選挙公報や街頭演説でみえた各候補者の政策】

熊谷俊人
・多様な保育環境、待機児童ゼロを目指す市町村を支援。
・児童相談所の拡充など児童虐待・子どもの貧困対策を強化。
・専科教員の増員など県独自の教育改革、給食費無償化を進める。

後藤輝樹
・国民1人あたり毎月7万円のベーシックインカムを支給。
・GoTo トラベル再開賛成。
・歯列矯正保険適用。

加藤健一郎
・20歳になったら希望者全員の精子と卵子を冷凍保存する体制をつくる。
・県内のゴルフ場に老人介護施設と職業訓練大学校併設。そこで若者に働きながら資格を同時に取得してもらう。

・若者を大切に。千葉県独自に「若者の日」をつくる。

金光理恵

・希望者全員へ無料のＰＣＲ検査と保健所体制の強化を。医療機関への減収補てん。

・学校や施設に生理用品を無料で配布。

・子ども医療費高校まで無料に。小中高校の25人学級実現へ。

皆川真一郎

・地域通貨県札「房ｂｏｕ」の発行。高卒以上の学生及び単身高齢者に年間24万房支給。

・公共銀行「県立銀行」創設。

・県内在住の私立高生、年収７２０万円以下の保護者に県独自の補助金支給。

関政幸

・地産地消（千産千消）、食育などの施策と組み合わせて、公立・私立学校ともに給食費ゼロを目指す。

・出産後・子育て後の職場復帰支援、女性特有のがん検診率アップ、県庁幹部職員への女性登用率向上。

・道徳教育を推進。

平塚正幸

・マスクを外そう。
・新鮮な空気を吸い、人混みや密の中で生活を送ろう。
・ワクチン接種は強制ではない。ワクチン危険。

河合悠祐
・「ごみ」という名称をやめて「星のかけら」にする。
・成田空港を「ディズニー・スカイ」にする。
・千葉に東京タワーをつくる。色は赤。

## なんと7割近い人が選挙権を捨てていた千葉県知事選挙！

各候補者の政策を見た感想はどうだろうか。「これはいい」「これは実現不可能だ」「これはそもそも現状認識が間違っている」など、いろいろな感想を抱いたはずだ。千葉県以外の有権者は、よその選挙で大きな経験値を得たことになる。かかったコストは0円だ。

このときの千葉県知事選挙には、もう一つの特徴があった。候補者が増えたことで、多様な選挙戦が展開されていたことだ。一言で言えば「選挙には自由がある」ということを世に知らしめる選挙になった。

「20歳になったら希望者全員の精子と卵子を冷凍保存する体制をつくる」など若者向けの政策を掲げていた加藤健一郎。

河合悠祐はピエロのような白塗り顔で選挙に出た。河合の選挙戦最終演説は千葉県内ではなく、東京の渋谷ハチ公前だった。オリジナルソング「いっちゃいやＳＨＯＷ　ＴＩＭＥ‼」のパフォーマンスを終えた河合に話を聞くと、彼は私にこう言った。

「白塗りで選挙に出ると決めたときから大きな批判を覚悟していました。でも、実際には批判以上に『頑張ってくれ』『よく立候補してくれた』という応援の声が届いたことに驚きました。選挙戦を通じて、立候補した私自身が非常に勇気づけられました。選挙に出てよかった。生まれてきてよかったと思えるような選挙でした」

加藤健一郎は現在の夢を「千葉県知事になって小池百合子と結婚すること」と選挙公報に書き、政見放送では「知事になりさえすれば、一都三県の首都圏知事会議の折に、小池氏にこそっとプロポーズを仕掛けようと考えております」とも語っていた。平塚正幸は「コロナはただの風邪」との持論を県内各所で大々的に主張した。後藤輝樹は政見放送で彼女に公開プロポーズをした（後に結婚）。

政見放送は候補者が自由に思いの丈を話せる機会だ。検閲はない。しかし、一つの選挙でプロポーズをする候補者が２人も出たのは異例だった。こんな「ネタかぶり」はもう二度とないだろう。有権者の中には「これは本当に選挙のための政見放送なのか」と混乱した人もいただろう。

それでも候補者たちは批判を受けることも覚悟して真剣勝負に臨んだ。実際に、直接的な批判も寄せられた。有権者は候補者たちと真剣に向き合ってジャッジを下した。残念ながら今回の選挙では落選したが、「この人だったらどんな県政になっていただろうか」と夢想したくなるような候補者が何人もいた。

その結果、驚くべきことが起きた。すべての候補者が1万2000票以上を獲得したのだ。最小得票の候補者でも1万票を超える選挙はなかなかない。これは駅前など、人目に付きやすい場所にある掲示板に、すべての候補者がポスターを貼っていたことも理由の一つだろう。新型コロナで室内集会ができなくなった分、有権者との貴重な接触機会であるポスター掲示板の重要度は高まっている。

なによりも喜ばしかったのは、投票率が過去2回に比べて大きくアップしたことだ。

参考までに、過去2回の千葉県知事選挙の投票率を挙げておく。

2013年　31・96%

2017年　31・18%

なんと、過去2回は7割近い人が選挙権を捨てていた。

ところが今回の投票率は、前回を7・81ポイントも上回る38・99%になった。多様な候補が名乗りを上げたことで参加者が増え、自分の

「県内在住の私立高生、年収720万円以下の保護者に県独自の補助金支給」を掲げた皆川真一郎（66歳）。

貴重な一票を捨てる人が大幅に減ったのだ。
もう一つ、大事な数字を挙げておきたい。それは「アラフォー世代」における投票率の伸びである。
まずは「35〜39歳の投票率」を見てほしい。
２０１３年　25・97％
２０１７年　25・11％
２０２１年　33・48％
続いて「40〜44歳の投票率」は次の通りだった。
２０１３年　28・62％
２０１７年　27・62％
２０２１年　36・45％
どちらもしっかり投票率が上がっている。同世代の候補者が多数出ることで、選挙に足を運ぶ有権者は確実に増えた。これまで選挙に行っていなかった人たちからも、「候補者を直接見たことで投票所に足を運ぶ気になった」との声が届いた。たくさんの候補者が出て悪いことなど一つもない。
そのことを最も象徴的に表しているのは、一番多くの有権者から支持を集めて当選した熊谷俊人の肉声だ。
千葉県知事選挙の投開票日、私は20時ちょうどに「当選確実」を決めた熊谷俊人にこんな質問をした。

「熊谷さんは8人で知事選挙が行われたことの意義をどのように考えていますか」

熊谷は他の候補者たちに敬意を払いつつ、迷うことなくこう答えた。

「それぞれの方にも多くの方々がご期待やご投票をされたと思っております。これからそれぞれの候補者の方々の政策も見させていただいて、『これはなるほどな』という風に思えるものは、県政運営の中で活かせるようにしていきたいと思います」

選挙を戦った候補者は、立候補がどれほど大変なのかを知っている。だから他の候補者や有権者に対してもきちんと敬意を払うことができる。千葉県の有権者は賢明な選択をしたのではないだろうか。

【千葉県知事選挙・開票結果（得票数順　投票率38・99％）】

| | | | |
|---|---|---|---|
| 当選 | 熊谷　俊人 | 43歳 | 1409496票 |
| | 関　政幸 | 41歳 | 384723・033票 |
| | 金光　理恵 | 57歳 | 122932票 |
| | 皆川真一郎 | 66歳 | 20256票 |
| | 平塚　正幸 | 39歳 | 19372・920票 |

加藤健一郎　71歳　15986票
河合　悠祐　40歳　15166票
後藤　輝樹　38歳　12150票

選挙漫遊記

# 10

「ポテンシャルが高く、真剣に楽しめる」

大注目の選挙戦

# 名古屋市長選挙

（2021 年 4 月 25 日投開票）

## 「事実上の一騎打ち」とは絶対に書かない

2021年4月11日告示・4月25日投開票の名古屋市長選挙には4人が立候補する予定になっていた。しかし、告示前の報道を東京から見ていた限り、正当に扱われていた候補者は2人しかいなかった。税金が4億7600万円以上も使われる選挙なのに、半分の候補予定者が黙殺されていたのだ。

そこで私は4月11日の告示日に合わせて名古屋に入った。4人の候補者を自分の目で見るためだ。しかし、告示日当日、私は現地の報道を見て悲しくなった。これからまさに立候補受付が始まるという日の朝、新聞、テレビなどの主要メディアがすべて「事実上の一騎打ち」と同じように報じていたからだ。

もちろん、各メディアには編集権がある。どんな報道をするのも自由だ。しかし、私は「最初から勝ち負けだけを重視する選挙」にしてしまうのは、本当にもったいないと思っている。

選挙は骨の髄まで味わったほうがいい。楽しんだほうがいい。誰もが参加したくなる「お祭り」にしたほうがいい。政治の影響を受けない人はいないのだから、一人でも多くの人が参加したほうがいいに決まっている。

選挙に一度でも参加をすれば、自分の一票の価値がわかるはずだ。一方で、参加したことがなければ、自分の一票の価値は永遠にわからない。だから私は「選挙を知らない」人たちにも選挙の楽しみを知ってもらいたい。参加してもらいたい。そのためにも従来の報道だけでは不十分だ。硬軟織り交ぜた有権者へのアプローチが必要だと思っている。

その意味で、今回の名古屋市長選挙はかなりポテンシャルが高い選挙だった。真剣に楽しめる。名古屋市民に限らず、全国の人たちも大いに楽しめる選挙戦だった。

今回の名古屋市長選挙に立候補したのは全部で4人だ（届出順）。

河村《かわむら》たかし　72歳　無所属・現
押越　清悦　62歳　無所属・新
横井《よこい》　利明《としあき》　59歳　無所属・新
太田《おおた》　敏光《としみつ》　72歳　無所属・新

私は選挙に挑戦する多くの候補者の苦労を見てきた。その一人として、とてもではないが告示日当日の朝に「事実上の一騎打ち」とは書けない。私は絶対に書かない。このことだけは強調しておきたい。

## 立候補に必要な供託金２４０万円は、有効投票総数10％未満で全額没収

名古屋市長選挙に立候補するためには２４０万円の供託金が必要だ。当然、今回立候補した４人全員が同じ額の供託金を納めている。この供託金は、有効投票総数の10％の票を得られなかった場合、全額没収されてしまう。その場合には、通常であれば公費負担が受けられるポスターやビラの印刷代も自己負担になる。

考えてみてほしい。これはものすごいリスクだ。私には２４０万円もの大金を投じて自分の考えを世に問う勇気がない。だから私は高いハードルを越えて選挙に挑む人たちの訴えに、一度は耳を傾けたい。

みなさんはどうだろうか？　一度でも「自分が立候補する」という可能性を検討してみたことがあるだろうか。もし、そのことに思いを馳せれば、候補者への見方も変わってくるはずだ。ぜひ、頭の体操のつもりで一度はシミュレーションしてほしい。

それぞれの候補者は大変な覚悟を持って立候補している。大きなリスクを背負い、有権者の選択肢になろうとして体を張っている。こうした人たちがいなければ選挙は成立しない。そのありがたみを再認識してほしい。

今のように一部の候補者をバカにする風潮が続いていけば、新たな挑戦者を萎縮させてしまう。新規参入者がいなくなれば業界は廃れる。ますます「投票したいと思える人」が出てくる可能性は低くなる。みなさんが望んでいるのは、そんな世界だろうか。

絶対に違うと思う。だから有権者のみなさんには、すべての候補者を敬意と感謝の気持ちで迎えてほしい。立候補は、多くの人が当然持っている大切な権利であることを忘れないでほしい。

心配することはない。最終的に誰に投票するかは、有権者一人ひとりの自由意志だ。自分自身の投票行動は他人からの制約を受けない。立候補という当然の権利を認めることと、その人を当選させるかどうかは、まったくの別物である。

しかし、日本では「あんな人が立候補するのはけしからん」と他者の人権に不当な干渉をする人が多い。他者の権利に鈍感になることは、自分の人権をないがしろにするのと同じだ。ただちに改めてほしい。それは不当な差別にすぎない。

多様な候補者の出現に恐れることはない。それぞれが当選させたいと思う人のために、支援の輪を広げていけばいい。できれば一票でも多く。それが民主主義社会における自由な選挙である。

もう一つ、私が全候補者を追う理由がある。それは「選挙の機能」からくるものだ。

選挙が持つ大切な機能は「当選者を決めること」だ。しかし、もう一つ、忘れてはならない機能が「選挙を通じて市民のための政策を練り上げる」ことだ。

各候補者が市民のために打ち出した政策には、有権者から賛否の声が上がる。高く評価する声もあれば、酷評されるものもある。候補者たちはそうした有権者の声を受けて自分の政策を練り上げていく。だから有権者のみなさんは、ぜひ、各政策に対する自分の思いを候補者に伝えてほしい。他の候補者の政策でも、「いい」と思った政策は自分が応援する候補者に伝えてほしい。政治家に自分の思いを伝えることで、政治は確実に良い方向に変わる。実現されるかどうかは不透明でも、伝えないよりは確実に実現に近づく。多額の税金が使われる選挙という絶好のコミュニケーション機会を逃さないでほしい。

実は今回の名古屋市長選挙でも、横井利明の政策が河村陣営に刺激を与えた場面があった。河村陣営は横井陣営よりも先に政策発表を終えていたが、横井の政策発表後、河村は追加で景気対策を発表したのだ。

そこで河村が打ち出したのは、「電子マネーを利用して買物金額の30%(消費税10%相当を超える3倍)をキャッシュバック」「買物還元総額200億円、経済効果860億円消費拡大」という政策だった。これは横井利明が発表した「生活応援商品券おひとり2万円分配布」に対抗する政策だった。

世の中はいろいろな人で構成されている。これから「全体の奉仕者」になろうとする政治家であれば、他の候補者の政策にも敏感になる。世の中の人が求めているものにも反応する。つまり、「これはいい政策だ」と一人ひとりが声を上げることは、誰にとっても損がない。むしろ世の中を良くする活動だ。

## 「今までやってきたことで、できゃーのは（市長の）給料800万」

私は告示日に全候補者に会ってきた。実りの多い時間だった。実際に候補者の話を聞くことで、それぞれの魅力や足りない点がダイレクトに伝わってきた。みなさんも一日ぐらいは休みを取って、全候補者を追いかけてみてほしい。投票先を選ぶ際にとても参考になる。また、候補者の多様な考えに触れることで、自分自身の人生も豊かになる。

まずは告示日に各候補がどう動いたかをお伝えしたい。

現職の河村たかしは事務所前で出発式を行った。

「ようおいでいただきまして（※たくさん来ていただき）、サンキューベリーマッチ、ということでございます」

ものすごく訛《なま》った名古屋弁だ。スピーカーの音が割れていることもあり、愛知県出身の私でも意味が取れないところがある。しかし、聴衆は笑顔で聞いている。本当に意味がわかっているのかはちょっと不明だ。とにかく河村のキャラクターが全面に出る演説で、その語り口はアメリカのトランプ前大統領を思わせた。

出発式でマイクを握った河村は、名古屋市長として務めた12年間の実績を語りだした。

「今までやってきたことといえば、できゃー（※でかい）のは（市長の）給料８００万。12年になりますので、３億５０００万円受け取らずに市民の皆様に返した。これから給料減らすと言ってる人（横井利明）がいますけど、実績とこれからじゃ全然違いますよ。まあ、３億５０００万よ。言わんとけば（※言わないでおけば）よかったと思うけどよぉ。12年前は（妻が怒って）家に入れんから、そこのカプセルサウナに泊まっとったがね（※泊まっていた）。とんでもにゃーですわ（※とんでもないことですよ）」

ちょっと読むほうも辛くなってきたかもしれない。しかし、演説は続く。

「あと、市役所の職員の給料10％下げとるんよ。これがデカい。市の職員は続けております。それで１８０億作って行政改革をやってきた。（その中から）１００億ずつ、みなさんに返しとる。１００億。１００万世帯ありますから、全世帯に（1年で）１万円。（12年間で）12万円。全世帯12万ずつ戻っております。日本で名古屋だけなの！　こういうことを続けれるところは！」

出発式に集ったのは、コロナもあってか70人ほどだった。河村は演説が終わると、28年前から乗っている自転車に「本人」という旗を立てて遊説に出かけていった。

落ち着いて河村の主張を聞くと、「１０００メートル級のタワーを作る」など、独自色が強いものもある。もし、別の候補者がその主張をしていたら、有権者はどう受け止めるだろうか。現実的な政策だと受け止めるだろうか。そう考えると、河村のキャラクターだから受け入れられている部分もあるのではないだろうか。

## 選挙戦初日に「公開討論申入書」を手渡す？

続いて横井利明の街頭演説を見に行った。街頭演説の前には名古屋の大きな商店街・大須を練り歩いていると聞いて横井を探したが、簡単には見つからない。しかたなく、商店街をウロウロしながら探していると、なぜか横井は河村陣営が集会を行う公園のそばにいた。

急いで近づくと、横井は「公開討論申入書」と書かれた大きな茶封筒を持って立っていた。そして、「こないなー、こないなー」とあたりを見回している。いったい、横井は候補者なのに何をしているのか。

しきりにキョロキョロしている横井に話を聞くと、選挙戦中の4月18日（日）、屋外で河村と一対一の公開討論をしたいのだという。横井はその申入書を直接河村に手渡すために敵陣に乗り込んできたのだった。

元市議長、市議を8期務めたベテランの横井は、市長選挙の立候補にあたって自民党を離党した。

しかし、今回の選挙では、自民党、公明党、立憲民主党、国民民主党から推薦を受けている。共産党も「自主的支援」、社民党愛知県連も「応援」の立場を取っている。連合愛知も横井を推薦する。そんな超メジャー級の候補者が、選挙戦初日に超ゲリラ的な活動をしていた。初日からこんな激しい選挙は珍しい。それだけ名古屋では河村が強いということなのだろう。

横井は集まった記者たちに対し、「コロナ対策や景気対策、そして県知事リコール運動の不正署名問題についても河村と討論したい」と自分の希望を説明した。もし討論会が実現すれば面白いことになる。記者たちは横井が河村に申入書を手渡す場面を撮ろうとして、かなり「密」な状態になっていた。

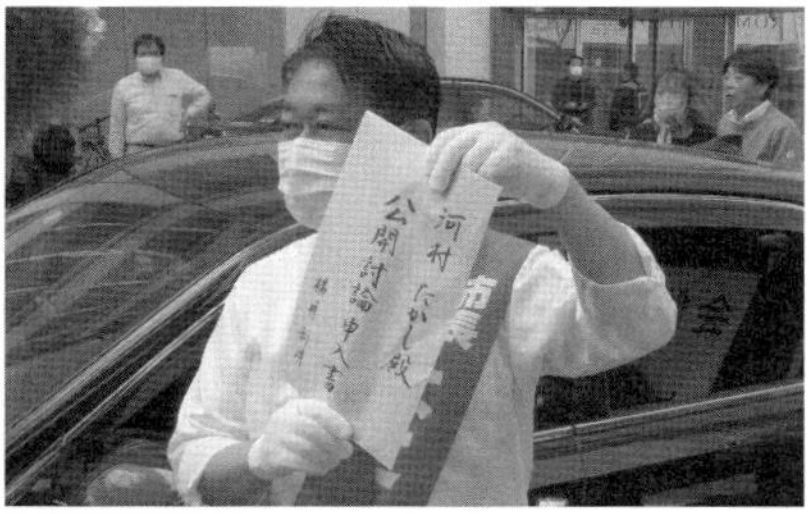

初日から河村たかしへの「公開討論申入書」を持ってのぞんだ元名古屋市議会議長の横井利明。

そこに公園で準備をしていた河村陣営のスタッフが困った顔で横井のもとに来た。どうやら横井がいなくならない限り、河村本人を公園には呼ばないという雰囲気を匂わせている。

そこで横井は封筒から申入書を取り出し、河村陣営のスタッフに対して読み上げた。河村陣営のスタッフは横井から申入書を受け取ったが、河村が討論会に応じることはなかった。

申入書を手渡した後、横井は公園から歩いて5分ほどの距離にある予定の場所に移動して街頭演説を行った。目玉政策はコロナ対策の「全市民に商品券2万円」だ。

演説終了後、私は横井に声をかけ「河村さんが追加政策として打ち出した『買い物30%キャッシュバック』という政策をどう評価しますか」と聞いた。横井は嬉しそうな顔をして答えた。

「私の政策（全市民に商品券2万円）を評価してもらったと思っています」

各候補者が政策を掲げる。それに反応して他の候補者も新たな政策を打ち出す。結果的に、市民にとって必要な政策が取り入れられる。選挙の意味はここにある。

## 供託金以外の選挙費用は3000円程度。自身5回目の選挙

続いて会えたのは太田敏光だ。私が告示前日に電話して活動予定を聞くと、太田は「どう考えても勝てないでしょう」ときっぱり言った。私が驚いて「そうなんですか！」と言うと、「そりゃそうですよ」と言った。それでも太田は選挙に出た。選挙中も選挙前と同じように名古屋市が配布する敬老パスを使ってすべての駅で降り、出口の近くで演説を行っていく予定だという。

「半年ぐらい前から始めて、もう何回か全駅を回った。最初は1番出口をぜーんぶ一周回る。次は2番出口をぜーんぶ回る。その次は3番出口、4番出口。今は5番出口のシリーズです」

そういうわけで、地下鉄・栄駅の5番出口で待ち合わせた。

すると、そこにたった一人で黄色いファッションに身を包んだ太田が現れた。帽子も黄色、ジャンパーも黄色、リュックも黄色、靴も黄色だ。地元では「黄色いおじさん」と呼ばれているという。

街宣車やポスターはお金がかかるから作らない。毎回、供託金を除いた選挙費用は3000円程度。戸籍抄本を取る費用や、文具代だけにしか使わないという。

太田が選挙に出るのは、名古屋市議会議員選挙、2017年の名古屋市長選挙を含めて今回が5回目だ。これまで当選はしたことがない。最初から自分で「勝てるわけがない」と言っているのに、なぜ選挙に出るのか。

「嫌いだもん、自民党とか公明党とか立憲民主党とか。政党政治で自分たちだけでやっている。陳情に行っても相手にされないよ。そういう政治が嫌いだから自分で出る」

太田が口にした「陳情」という言葉にピンときて、思わず聞いた。

「相手にされないって言いますけど、太田さんは名古屋市議会に陳情をしたことがありますよね？」

すると太田は「知っとるの？」と言って嬉しそうな表情を見せた。

実は、太田は名古屋市議会に対してものすごい数の陳情を行ってきた人物だ。陳情をすると、口頭で陳情する機会、つまり発言する機会が与えられる。会社を退職後、陳情活動を10年以上続けてきた太田は「下手な議員よりも発言しとる（※している）」と胸を張った。

たとえば太田はこれまでに「名古屋市議会の傍聴席の数を増やせ」という陳情をし続けてきた。

結果として、名古屋市議会の傍聴席は3席、5席、7席、10席と徐々に増えてきた。また、市議会議員の海外視察に対して「報告書を出せ」という陳情も行ってきた。その結果、名古屋市議会では報告書が作られるようになった。

ただし、これらの成果は「おれの手柄っていうわけじゃない」と太田は言った。どういうことなのか。

太田が議会に対してこれらの陳情をしてきたことは事実だ。ただし、太田の陳情に対する議会の反応はほとんどが「ききおく」（傾聴）で終わっていた。つまり、太田の手柄にはならない。それでも太田は「陳情をしておけば数年後に実現されることがある」と解説してくれた。

「市議会への陳情の３分の１くらいはおれがした陳情だと思うよ」と言う太田敏光。

太田の陳情活動は市にとどまらない。たとえば、愛知県議会議員選挙では長い間「選挙公報」が発行されていなかったが、太田は以前から「選挙公報を発行するべきだ」という陳情を続けてきた。この時もすぐに結果は出なかったが、やがて選挙管理委員会から条例案が提出され、選挙公報が発行されることになった。

この他にも、前回２０１７年の名古屋市長選挙に立候補した際、太田は「女性副市長の登用」を訴えた。この選挙で太田は落選したが、すぐに名古屋市初の女性副市長が誕生している。太田の意見は「みんながが言っていること」かもしれないが、確実に時代の先を行っていた。私が感心していると、太田は笑って言った。

「名古屋市議会に寄せられる陳情の3分の1くらいはおれがした陳情だと思うよ」

それはさすがに多すぎではないだろうか。他の市民は何をしているのか。

たしかに調べてみると、太田が数多くの陳情をしていることがわかった。2020年2月には「委員会室の前後の扉を10センチ開けることを求める」というかなり具体的な陳情も行っていた。理由は新型コロナウイルス対策のための換気かと思いきや、「室内が酸欠状態になって眠くなる。よく眠れる」からだと書かれていた。

意見を言わなければ伝わらない。立候補しなければ当選もしない。それを実践してきたのが太田だ。太田はたった一人で立候補し、選挙運動も一人で行う。それでも前回市長選挙では2万99票を獲得した。

「おれがなんで勝負できるかというと、インターネットでブログをやってるから。読者が1日2000人ぐらいだから若干勝負できるかなというのもある。アクセスが集中してサーバーが落ちちゃうこともある。まあ、たまにだけど（笑）。もしインターネットがなかったら、もう勝負にならんね」

話を本題に戻してもらうと、太田はこう答えた。

「客観的に見て、世間の論調でいうと勝てるわけない。あえて承知の上で出ている。だけど、本人としては何分の1か勝てるぞという希望があるからやっている。希望がない人生は面白くないでしょう」

勝てる可能性は何分の1ですか。

「100分の1。たとえば河村さんが捕まっちゃうとかね。横井さんも、過去の発言との矛盾が市民に伝われば、おれの浮上があるかもしれない」

## 優しい語り口なのに、主張がものすごく激しい候補者

最後に会えたのは押越清悦だ。押越は2020年7月の東京都知事選挙にも立候補していたので面識がある。告示日の演説場所は人通りの多い中区・栄の三越前。立候補に必要な供託金は、都知事選のときと同じく、全国の支援者が寄付をしてくれたという。

「お疲れさまです！」

私の姿を見つけた押越が快活な挨拶をしてくれた。そして手際よくマイクや旗の準備をすると、すぐに街頭演説を始めた。選挙戦を手伝ってくれる人も5人ほどいる。

「選挙公報がもうすぐ出ますから、私たちの主張はそこに書かれているのでよかったら読んでくだ

さ〜い」

押越がものすごく低姿勢で有権者にお願いをする。そして演説を続ける。

「私は選挙公報に、こう書きました。『公明亡国、自民国賊、公安天魔、創価無間。』。こういうふうに選挙公約じゃないんですけど、キャッチフレーズで入れておりま〜す」

優しい語り口なのに、主張がものすごく激しい。都知事選のときと言っていることに変化はないが、毎回びっくりする。押越の演説を聞いていると「今の社会には裏がある」という主張が盛り沢山だ。それは陰謀論ではないのかと聞きたくなるが、「そこを明らかにしたい」というのが押越の主張である。

「集団ストーカーという、世の中に知らされていない犯罪を知らせたいということで立候補しております」

2020年7月の東京都知事選にも出馬していた押越清悦。今回の供託金も全国の支援者の寄付。

通りがかった人たちもびっくりした様子で通りすぎていく。しかし、なかには足を止めて押越の訴えに相槌をうつ人もいた。そんな押越を金銭面で支援する人がどこかにいるから、押越は選挙に出ることができている。

選挙は出てみなければ、どこに共感する人がいるのかわからない。自分には受け入れがたいと思う主張でも、世の中にはその主張に共感する人もいる。押越の存在は、世界の広さや多様性を教えてくれる。決して有権者の権利が侵害されているわけではない。

自分の考えとは違っても、すべての候補者は「被選挙権」という民主的に認められた権利を正当に行使しているだけだ。そして、今の社会では、この権利を行使するためには大変な勇気がいる。主張に賛同できるかどうかは別として、愚直に訴えを続ける勇気には誰もが共感できるのではないだろうか。

私は選挙のたびに思う。

「候補者のいいところを足して割ることができたらいいのに」

しかし、実際にはかなわない。市長選挙の場合、当選するのは1人だけだからだ。

だからこそ、有権者も候補者も、自分の考えや要望を表立って伝えることが必要だ。伝えることで、その意見は社会にとっての「金言」に変わる可能性がある。

## 当確前に一言、「でっかいキンタ○〜！」

名古屋市長選挙の投開票日である4月25日(日)19時30分すぎ。私は河村たかしの事務所前にいた。この時点では、まだ市内の投票所で投票が続いていた。しかし、事務所隣の空き地には20脚ほどの丸椅子が置かれ、支援者とみられる人たちが10人ほど座っていた。

空席の上にはアルコールが置かれていた。消毒用のアルコールではない。缶入りの「サントリースペシャルリザーブ&ウォーター」で自席を確保している人がいたのだ。おしゃべりをしている人たちの中には、ほろ酔い気分としか思えないテンションの人もいた。

いまは新型コロナ禍で「密を避ける」という言葉が当たり前になっている。しかし、河村事務所前だけは別だった。座っている人たちはマスクをつけてはいるが、ワイワイ、ガヤガヤとした雰囲気でおしゃべりを続けている。どこからか椅子を持ってきて隙間に詰める。マスクをつけていないカップルも様子を観にやってきた。パジャマ姿で現れたすっぴんの女性もいた。

世の中にはいろんな人がいる。そしてほとんどの人が一票を持っている。河村たかし事務所前からは、選挙が「みんなのお祭り」だということがよく伝わってきた。

この時点では、まだ投票箱は閉まっていない。だから選挙結果の「当確」はどのメディアも出していない。各メディアが「当確」を打つとすれば、どんなに早くても投票箱が閉まった20時すぎだ。各メディアが行う事務所からの生中継も、有権者の投票行動に影響を与えないよう、投票箱が閉まるまでは始まらない。

しかし、もし、河村が圧勝していれば、20時ちょうどに「当確」を打つ「ゼロ打ち」の瞬間に立ち会える。集まった報道陣はその瞬間を撮り逃がさないよう、しきりに会場の支援者たちにカメラを向けて準備をしていた。

「まだ当確出んかな〜？」

「何時頃出るかな〜？」

口々にそう言って結果を待つ支援者に、報道陣のカメラは何度もピントを合わせていた。

19時57分——。あと3分で投票箱が閉まるというとき、会場に大きな変化があった。事務所前の道路に停められたステージカーに一番近い、前列ど真ん中に座る72歳の男性が、突然、「待ちきれん！」と言って、勝手に両手を挙げて叫んだのだ。

最終演説はいつもの自転車。背後にはライトアップされた名古屋城も見えた。河村劇場の舞台だ。

「バンザ〜イ！」

報道陣に緊張が走り、一斉に男性にカメラを向ける。これは予行演習なのか？　それとも本番なのか？　いや、まだ20時前だ。

その場にいた全員が微妙な時間に戸惑っていると、男性はさらに大きな声でこう続けた。

「でっかいキンタ◯〜！」

まったくわけがわからない。多くのカメラマンは生放送していなくてよかったと胸をなでおろしたことだろう。はっきり言って、男性がなぜこのような言葉を叫んだのか、まったく意味がわからない。

「おれは昭和23年生まれ。72歳。河村さんと同い年だでよ〜」

お元気なのは何よりだ。しかし、もっと驚いたのは周りの人たちの反応だ。男性の言葉に顔をしかめるでもなく、平然とした顔でおしゃべりを続けている。隣の女性が私に話しかけてきた。

「私、こないだもテレビに出してもらったで。今日は知っとるテレビの記者がおらんね〜」

誰も男性の言動に動じていない。さすがは人生経験豊富な支援者だ。椅子に座っている人たちの多くは高齢だが、しばらくすると、インスタライブで中継をしている若者が最前列に座った。スマホのインカメラで「○○さん、いらっしゃーい。観てくれてありがとー」などと大きな声で生配信を続けている。空気は読まない。時には青いスタッフジャンパーを来た選挙スタッフを呼びつけて「この人が功労者なんです！」などと中継を続けている。その若者は聴衆の中に別の知り合いを見つけると、大声で「○○ちゃーん！」とカメラの前に呼びつけていた。その様子を見ていた80代の女性が「私もスマホ持っとるけど、孫とＬＩＮＥするぐらいだわ」と私に話しかけてくる。

「孫は浜松の専門学校行っとるんだけど、私はうなぎは一回しか食べたことがない」

選挙にはまったく関係ない話題だ。とにかくすごい空間だったとわかってもらえるだろうか。選挙はいろんな人が関わる「お祭り」だ。しかし、河村事務所に集まってくる人たちは特にキャラが濃かった。カオスだ。こうした人たちも惹きつけてしまうのが「選挙モンスター」と呼ばれる河村たかしのキャラクターなのかもしれない。

## 開票率6%時点では河村、横井ともに22800。接戦だ！

「河村氏当選確実」の一報は、投票箱が閉まった20時には届かなかった。名古屋市選挙管理委員会が最初の開票中間報告をするのは22時だ。いまは21時すぎ。開票は始まっていたが、その後、21時半をすぎても動きはなかった。

もちろん、地元メディアは出口調査を行っていた。中日新聞が20時03分に発表した「期日前投票の出口調査結果」では、河村ではなく横井が上回っていた。一方、「投票日の出口調査結果」では河村が優勢だった。拮抗して票が読めないのか、どこのメディアもなかなか「当確」を打たない。

開票所での票を双眼鏡でいち早くカウントした報告で情勢を判断しようとしているようだった。21時45分。河村事務所から出てきた青いスタッフジャンパーの男性が支援者たちに開票状況を触れ回った。

「(河村)2800、(横井)2800!」

接戦だ。集まった支援者は河村の勝利を信じているためか、まったく動じない。勝つことはわかっている、という雰囲気だ。

続報がもたらされたのはその5分後。

「開票率6％、（河村）22800、（横井）22800！」

支援者たちは19時半から2時間以上、外で待っている。夜になって気温が下がり、風も強くなったことで高齢の支援者たちは寒さに震えていた。

「誰か死んでも不思議じゃないくらい寒いで」

インスタライブを続ける若者が大声で言うと、高齢の支援者たちも「ほうだな。誰か死ぬかもしれんな」と同意する。なんなんだ、この一体感は。そうかと思えば、隣の女性が私にこんな声をかけてくる。

「ちょっとおしっこ行ってくるわ。あんた、ここ座っとってええよ」

支援者たちはどこまでも自由だった。

21時54分。ようやく一部のメディアが当確を打ち、会場に「当確！」「当確出た！」との声が響く。報道陣は、「キンタ〇」おじさんをフレームに入れないようにして支援者にカメラを向けた。

「バンザーイ！　バンザーイ！」

その声に吸い寄せられるように河村が事務所から外に出てきた。事務所前で立って待っていた支援者たちが河村の行く手を阻む。みんなスマホで河村の動画を撮っている。

「道を空けてくださーい」

河村はもみくちゃになりながらステージカーに上がった。舞台の中心には28年前から選挙に使ってきた自転車が置かれている。自転車には河村直筆の「本人」のぼり。両脇にはビールケース。河村は選挙に勝つと、バケツに入れた氷水を支援者に頭からぶっかけてもらう「儀式」を続けてきたが、今回も恒例の儀式をやるという。

「あの水が本当に氷水かどうか確かめなぁいかんでよ！」

インスタライブを続ける若者は、周りが静かになってもずっと大声で話し続けていた。

## 今の日本で有権者を団結させるのは、マスコミ批判なのかもしれない

当選確実の報を受けた河村は舞台上でマイクを握り、今回の選挙戦をこう振り返った。

「市長の給料８００万円を貫いて12年間で3億５０００万円返した。こんなことやっとる人、日本中で河村さんぐらい！　それがきっかけになって減税になって、日本で名古屋だけ！　毎年１００億円ずつ減税になって、12年間で１２００億減税になった。税収は下から言うと１２００億。4年ぐらいで戻って、その上にもまた行ってますんで、２４００億円税収が増えた！　日本でただ一つ！　日本で一番税金が安く、一番福祉の充実した街、ナ・ゴ・ヤ！」

椅子に座って寒さに震えていた支援者たちはいつの間にか立ち上がり、ステージカーの前まで移動して歓喜の声を上げていた。私に椅子を譲ろうとしてくれた女性の支援者は、舞台に上がってバ

ケツを持っていた。河村がマイク越しにこう叫ぶ。

「一言だけ言っとくけど、名古屋のコロナ対策は日本一ですから！　1日500人（200人の保健師と300人の応援）が『健康観察』（感染源を特定するための積極的疫学調査）いうけど、しらみ潰しに電話しとるの！　そういう地を這う努力もありまして、大都市では、名古屋は一番少ないと思いますよ！　人口割でコロナの感染者！　名古屋コロナ対策日本一！」

　そして4期目の目標についてはこう語った。

「一人の子も死なせないナゴヤ！　そんなこと言う人、おらんですよ、日本で！　残念ながら実現されていないの！　本当に残念ながら！　んだで、子どもの人生を応援する先生、ナゴヤには常勤スクールカウンセラーを全小学校に増やす！　1000人ぐらいを目指して、子どもを一人も死なせないナゴヤにしたら楽しいぞ〜子どもらも！」

　記者団から選挙戦の振り返りについて聞かれると、こう答えた。

「河村たかしさん対、自、公、民、共産だがや！　共産まで一緒になってやったんじゃにゃーか（※やったんじゃないか）。いろんな組織もみんな。市民のみなさんは、ようわかっとってくれたと、こう思っとります。サンキューベリーマッチ！」

　今回の市長選挙では、大村秀章《おおむらひであき》愛知県知事へのリコール署名偽造問題も争点になっていた。この点について記者から質問が飛ぶと、河村は明らかに不機嫌な表情で答えた。

大村秀章愛知県知事へのリコール署名偽造問題も争点になっていた。「あんなのねえ、私は全然関係ないし！」

「リコール署名は、あんなのねえ、私は全然関係ないし！　それから、リコールをやっていく、いうことは大変重要なことだったんですよ。（「あいちトリエンナーレ」は）公共事業で、名古屋市、愛知県主催ですよ、これ！　天皇陛下の肖像をバーナーで燃やして足で踏んづける。それを隠して出すようなことをやっちゃいけない！」

聴衆から「そうだー！」との野太い声が上がる。

「公共事業ですよ！　大村さんは自分の金で、自分が主催して自分が契約した画廊でやりなさいよ。公開質問状出しても答えない！　表現の自由だと言うんだったら、ちゃんと答えなさいよ！　（私は）愛知県民の税金と名誉を守ったんですよ！」

河村は、自身に疑いの目が向けられた不正署名事件への関与についてもこう反論した。

「名簿を残しとこう、と河村さんは言ったと。河村さんは名簿を焼却しようと言わなかったんだ、最後まで。あれでわかる。偽造署名を発見した人が言っているんだから、（河村が）関与していなかったことが、よ～くわかる。あんなの（不正署名を）もともと知っとったら、名簿残せなんて言うわけねーがや！」

河村のボルテージが上がるのに合わせて聴衆も興奮する。

「耳かっぽじって、よく聞け〜、マスコミは！」

オラオラ系の男性が声を上げると、席を立ってステージカーの直前まで移動していたインスタライブの若者も声を上げた。

「印象操作だ！　印象操作！」

今の日本で有権者を団結させるのは、マスコミ批判なのかもしれない。聴衆の間に妙な一体感が生まれている。アメリカのトランプ支持者もこんな感じだったのかもしれない。そして河村は共同インタビューをこう締めくくった。

「やっぱり、言うことは言わないかん！　おとなしくしとれ、っていうのはダメ！」

当確の歓喜よりも、マスコミ批判で団結したような拍手が沸き起こる。河村がマイクを司会者に渡して自転車にまたがると、支援者がバケツに入った氷水を河村にぶっかけた。

「バシャー！」

サーカスのような自転車街宣。最終演説はライトアップされた名古屋城の前。そして、名古屋弁での「きさくな語り」と、誰もがまとまりやすいマスコミ批判。当選後の水かけまつりまでがセットに

金メダルを噛んだ罰ではありません。選挙に勝つと氷水を頭からかぶる「儀式」を続けてきたのだ。

なって、河村たかしの選挙戦は終わった。

## 「あの世の総裁選は、吉田茂とかいますよ」

バケツの水かけから1時間後。会場を名古屋市内のホテル宴会場に移して、市政記者クラブ主催の河村たかし記者会見がセットされた。

この会見は、記者たちがホテル宴会場の費用を負担して行われる。私は先日正会員になった「なごやメディア研究会（なメ研）」の一員として参加した。

「なメ研」は中部圏でメディア活動をしている人たちの団体で、代表は元中日新聞記者の関口威人《せきぐちたけと》だ。関口は私が記者クラブ問題に取り組んでいた10年以上前に私に声をかけてくれた。今回の会見では「なメ研」も会場費用を一部負担していたため、市政記者クラブのメンバーではない私も質問できた。「なメ研」には感謝しかない。

私は河村に、投票率が5・22ポイントもアップしながら（最終投票率42・12％）、前回の得票から5万6181票も減らした理由（今回は39万8656票）をどう考えているかと聞いた。

「そりゃあ、リコールでしょう。偽造署名の。誰がやった、というわけで。私は無関係で、どなたかが犯罪を起こされた。それがマスコミの力によって、なんか河村さんが関与しているかのような報道が相当あった」

河村は今回の市長選挙を「最後の選挙」と言って戦っていた。しかし、彼はずっと「総理を狙う男」を売りにしていた。現在はまだ総理になれていない。河村自身は、何が足りなかったと思っているのだろうか。

「家業化された政治の中で推薦人20人集められなかった。18人まではいった。私も。嘘じゃない。政治は嘘にまみれてますけど、本当に18人までいった。なかなか難しい。家業化されていると。派閥って金なんでしょう？　金と地位と。挑戦はしてきたけど、まぁ今んとこダメですわね。どうしたらええんですか。教えてちょー（笑）」

目指し続けるしかないのでは。

「いやー。んだで、まあ、あの世になるかもわからん。あの世の総裁選は、吉田茂とかいますよ。つえぇ（※強い）人たちが」

逆にライバルが多いのでは。

「そうそうそう。あの世の総裁選のほうが大変ですよ」

生きている間は無理ですか？

「寿命がある」

今回が最後の選挙？

「市長選はね」

市長選、は最後？

「はい、そうです」

選挙戦であれをやっておけばという、やりのこしたことはないですか？

「自民党の嘘で断定した本会議での話をみんな名誉毀損で訴えたれば（※訴えてやれば）よかった」

もし、今回の市長選挙で落選していたら、国政に挑戦していた可能性は十分に感じた。

## 大村知事の定例記者会見では河村市長への辛辣な言葉が！

いま、大村秀章愛知県知事と河村たかし名古屋市長の関係は悪い。かつては一緒に選挙を戦ったこともある2人だが、２０１９年の「あいちトリエンナーレ」問題で関係悪化は決定的になった。今回の名古屋市長選挙では、大村知事は自民、立憲、公明、国民が推薦する横井利明を公然と応援していた。

これは大村知事のコメントも聞かねばなるまい。

そこで4月26日（月）に開かれる大村知事の定例記者会見への参加を申し込んだ。県知事定例会見の主催は県政記者クラブである。幹事社の毎日新聞に連絡し、参加して質問したい旨を伝えると、

「参加、撮影、動画の生配信、質問」の可否について、県政記者クラブ加盟社の意向を取りまとめてくれた。

その結果、参加と撮影は加盟社の過半数の賛同を得られたが、生配信と質問は「不可」とされた。質問ができない「オブザーバー参加」ということだった。

しかし、参加する価値はあった。私が聞きたかった質問のいくつかを、クラブの記者が聞いていたからだ。

この日の記者会見で、大村知事と河村市長の関係が改めて最悪な状況にあるとわかった。大村知事の河村市長に対する辛辣な言葉がバンバン出たからだ。

「(河村氏は)政治家としての資質には欠ける」

「コロナ対策については、河村さんは関わっていない」

「河村さんがいてもいなくても一緒だということは申し上げたい」

「(もし、横井利明が)市長になってしょっちゅう連絡を取っていたらスピード感が高まる。機動的にやっていけるんじゃないかという期待はあった。(横井は)職員の気持ちもわかるので、現場の士気も上がったのではないかという期待もあった」

これは選挙戦で「名古屋のコロナ対策は日本一だ」と豪語してきた河村の主張とはまったく食い違うものだった。

私はこの日の午後、河村たかし名古屋市長の定例記者会見にも参加して「大村知事発言」について質問した。市長会見の主催は市政記者クラブで、窓口となった幹事社は名古屋テレビ。事前に加盟社の意向を聞いてもらったところ、「参加、撮影、動画の生配信、質問」、すべて過半数のＯＫが得られたという。記者クラブはそれぞれ独立した存在だが、県政記者クラブとの違いが際立つことになった。

私はクラブ加盟社の質問が一通り出尽くした後、大村知事の発言を正確に紹介し、河村市長にこう質問した。

「知事と市長が話し合いの場を持たないことは、名古屋市民、愛知県民にとっていいことなのか、悪いことなのか。どちらだと思われるでしょうか」

河村市長は即答した。

「そりゃあ、仲良くやったほうがいいに決まっとる。でも、（知事に）そう言われたらどうする。そりゃあ、名誉毀損じゃないですか。名古屋市に対する名誉毀損だと思うよ。とくに（市の）保健所の職員も血みどろの努力をやっとる。そういう人たちあってのコロナ。どうしたらいいの、こんなこと言われたら」

「コロナ対策については、河村さんは関わっていない」。大村愛知県知事との関係は最悪の状態だ。

会見を終えてホテルに戻ってテレビをつけると、NHKのニュースでこの質疑が放送されていた。

なお、河村はこの日の記者会見で、25日に「絶交だ」とメディアを通じて河村へのメッセージを発していた高須克弥《たかすかつや》（美容外科「高須クリニック」院長）に対する対応を記者に説明した。高須は、大村秀章愛知県知事に対するリコール運動団体の会長を務めていた人物だ。

河村は自らが高須に送ったというメールの文面を記者に配り、困惑した表情でこう言った。

「今日の午前中、31回電話をコールしたけど出てくれなかった。『大きな誤解があったのでしょうか』『一度お会いする時間をください』とメールを送りました」

それを受けて、私は河村にもう一問聞いている。

「高須さんには『一度お会いする時間をください』と書いたそうだが、大村知事に対してはこのような気持ちにはならないのか」

この質問に対する河村の答えはこうだった。

「そりゃあ、別にアレしてもいいですよ。ワシなんて。全部ワシが言い始めたことじゃないから。そういう状況（知事と市長の関係悪化）になったのは。そういう言い方（大村知事発言）はやめてください。そりゃあ、普通ならちょっと謝ってもらわにゃいかん。名古屋市は愛知県の部下じゃない」

名古屋市長選挙の報告を通じて、みなさんにも何かを感じてもらえたら幸いだ。

【名古屋市長選挙結果（得票数順　投票率42・12％）】

| | | | | | |
|---|---|---|---|---|---|
| 当選 | 河村たかし | 72歳 | 398656票 | 無所属・現 |
| | 横井　利明 | 59歳 | 350711票 | 無所属・新 |
| | 太田　敏光 | 72歳 | 13804票 | 無所属・新 |
| | 押越　清悦 | 62歳 | 8162票 | 無所属・新 |

最後に、名古屋市長選挙を戦った、残る3人の候補にも触れておく。

横井利明の出馬表明は選挙戦が迫った3月半ばのことだった。横井を全面支援した大村知事は、4月26日の記者会見で横井の敗因を次のように分析した。

「選挙は有権者のみなさんに投票所に行ってもらって名前を書いてもらわないといけない。大前提として、顔と名前。知名度が一番大きなポイントになると思う」「よく追っかけたということだが、知名度という点で一歩及ばなかったのではないか。大変残念な結果だが、民主主義は公正な手段で行われた選挙、直接投票という制度で裏打ちされていますので、率直に受け止めていく」

選挙戦最終日の夜、太田敏光に電話すると「敗戦のコメントを今から言っておくから投開票日はのんびりさせて」と言われた。いや、それでは取材にならないと言うと、じゃあ予定コメントをと言って言葉を続けた。

「勝てるわけがない。でも、私は選挙に出ることで世の中を変えていっている」

太田からはもう一つ気になる話を聞いた。それは太田に対する選挙妨害の話だ。太田が最終日に駅前で愛知県知事リコール不正署名問題について演説していたところ「若者が大声をあげて近寄り、顔をくっつけて威嚇してきた」というのだ。怪我はなかったのかと聞くと「前にも殴られたり後ろから怒鳴られたり飲み物をかけられたりしたことがある。今回は怪我はしてないけど心は折れるよ。だから演説を切り上げて帰ってきた」。

私は現場を見てはいないが、事実であれば大変な犯罪だ。選挙の自由を邪魔することがあってはならない。日本はまだまだこうした常識が浸透していない選挙後進国なのだ。

押越清悦には選挙戦最終日に話を聞いた。

「やれることを一分の隙もなく一生懸命やってきたので何の悔いもないです！　今回はのべ50人ぐらいが選挙を手伝ってくれました。今度は都議選を考えております。目標？　絶対無理だと思うけど、万が一、供託金が返ってきたら横浜市長選挙にも出たいですね」

横浜市長選挙は8月8日に告示された。この選挙には史上最多の8人が立候補したが、そこに押越の名前はなかった。

選挙漫遊記

**11**

「その他の候補」とされた

4人の選挙戦をしっかり伝えたい！

# 参議院広島県選出議員再選挙

（2021年4月25日投開票）

## コロナ禍は選挙取材のあり方も当然変えてしまった

選挙は「不要不急の外出」にはあたらない。しかし、新型コロナウイルス感染症がここまで拡大すると、取材者としても当然気を遣う。選挙の基本は現地取材だが、自分自身が感染拡大の要因にならないようにする必要があるからだ。

私は毎回、地方で行われる選挙を取材しに行くべきかどうかで大いに悩んでいる。しかし、今のところはできる限りの対策を取って出かけることにしている。記者は人の話を聞くのが仕事だ。できれば取材対象者に直接会って話を聞くのが望ましい。相手の表情や佇まいには、多くの情報が含まれているからだ。

しかし、新型コロナウイルス感染症によって、選挙取材はとてもやりにくくなった。

お互いにマスクをしているため表情が読みづらい。話を聞くとしても、なるべく屋外で距離を取ってすることになる。お互いリスクを意識しながらの取材には余計な緊張感が生まれる。

従来であれば、会話の途中によもやま話や冗談を盛り込んで、笑いながら本音を聞き出せた。しかし、コロナ禍でそんな時間はなくなった。求められるのは、目的地に最短距離でたどり着くための一問一答だ。途中の風景を楽しむ余裕はない。どうしても「漫遊」感が薄れ、「遊びよりも仕事」

の側面が強くなってしまった。

取材者としての移動手段も変わった。不特定多数との接触を避けるため、可能な限り自分の車で完結させるようになった。その土地のローカル線に乗る人たちを観察することも難しくなった。車での単独移動は時間もコストもかかるが、感染のリスクを減らすためにはやむをえない。公共交通機関を使う場合も、利用者が少ない時間帯を選んで他の乗客とは距離を取っている。

一番困るのが食事だ。感染予防のために店を閉める飲食店の数が大幅に増えたため、食べたいときに食べたいものを食べることができない。店自体は開いていても、「他の地域からのお客様お断り」という張り紙を出している店もある。人気の店は大混雑しているため、なるべく入らないようにしている。一日の選挙取材を終える20時すぎには多くの飲食店が閉まっている。しかたなく、全国チェーンのお店やコンビニエンスストアでお弁当を買い、ホテルに戻って一人で黙々と食べる。せっかく地方に行っても、その土地の名物をゆっくり堪能する機会は大幅に減ってしまった。

新型コロナウイルスにより、選挙取材の自由も大幅に制約されている。それでも私は現地に足を運ぶ。その土地でしか食べられない物があるように、その土地でなければ聞けない話があるからだ。

2021年4月25日は3つの国政選挙の投開票日だった。

衆議院北海道2区補欠選挙、参議院長野補欠選挙、参議院広島再選挙だ。北海道2区は吉川貴盛《よしかわたかもり》

元農林水産相の議員辞職にともなう補選、長野は羽田雄一郎《はたゆういちろう》参議院議員の死去にともなう補選、広島は大規模買収事件をめぐる公職選挙法違反で河井案里《かわいあんり》の当選が無効になったことにともなう再選挙だった。

私はこの3つの選択肢から、唯一の「再選挙」が行われる広島を選んだ。「買収」は選挙を冒瀆する行為である。そんな最悪の不正が行われた広島の雰囲気を自分自身で感じたかったからだ。

6人が立候補していたことも私の背中を押した。もちろん、東京にいても、新聞やテレビ、インターネットから、ある程度の情報を入手できる。私もそうした情報を大いに活用している。取材現場の記者たちが、現地から貴重な情報を発信してくれることは本当にありがたい。

しかし、選挙の場合、毎回、奇妙な現象が起きる。多くの候補が立候補していても、限られた人しか報道されないことがよくあるからだ。

せっかく立候補してくれた人がいるのに、情報が出てこない人がいる。選挙はその場限りで終わるものではなく、その後の政治を考える上でも参考になる。その機会が失われてしまうのは、あまりにもったいない。自分が知りたいことを知るためには、やはり現地に行くしかない。

最近は候補者自身がインターネットやSNSを通じて活動を発信するケースも増えてきた。それだけで十分だ、と考える人もいるかもしれないが、そうした情報はあくまでも候補者からの一方的な発信だ。陣営が「伝えたいと思う情報」はあっても、自分たちが知りたい情報があるとは限らない。だから私は感染症対策を十分に取った上で現地へ行っている。

広島再選挙において、多くのメディアは「事実上の一騎打ち」と報じていた。たしかに選挙後の結果を見れば、有効投票総数に占める上位2人の得票率は9割を超えていた。しかし、「その他の4人」として括られた候補者たちの得票数を合計すると「5万9131票」もあった。これは東京ドームの定員（5万5000人）よりもずっと多い。私はこうした有権者の一票を、簡単には切り捨てたくない。どうしても無視したくない。

## あんな事件が起きて恥ずかしい。「じゃけえ、今回は投票に行かん」

私は選挙期間中の3日間だけ広島に滞在することにした。他にも取材したい選挙があったからだ。広島県庁前に到着すると、たくさんの旗が立っていた。時折、風に揺られて音を立てるのぼり旗には、こんな言葉が書かれていた。

「だまっとれん。」

広島県選挙管理委員会による選挙啓発コピーだ。そもそも大規模買収事件が起きなければ、再選挙のために税金から10億円以上の経費が使われることもなかった。

広島に到着した私は有権者の声を聞くことから始めてみた。

「あんな事件が起きて広島が全国的に注目された。恥ずかしい」

広島生まれ広島育ちだというタクシーの運転手はそう言った。選挙における買収は民主主義を根幹から揺るがすものだ。県民が恥ずかしく思う気持ちはよくわかる。しかし、私はその後に続く言葉を聞いて驚いた。

「じゃけぇ、今回は選挙に行かん」

え⁉　選挙に行かない⁉

「行かん！　もう、政治には呆れた。腹が立っとるけぇ」

自分の貴重な一票をどうするかは、その人の自由だ。選挙に積極的に参加する権利もあれば、票を捨てる権利もある。運が良ければ幸せになるし、運が悪ければ不幸になる。選挙という制度がある限り、有権者はその責任を負うことになる。それを理解した上で棄権するというのなら、残念ではあるがしかたがない。それが広島県民の選択なのだ。

今回の広島再選挙の投票率は33・61％だった。これは２０１９年に行われた参議院広島県選出議員選挙の投票率44・67％と比較すると11・06ポイントのマイナスだ。大規模な買収が行われた選挙よりも投票率が低い。これでは「広島県民は買収されないと投票に行かないのか？」と思われる可能性が出てくる。広島の人たちは本当にそれでいいのだろうか？

選挙に立候補している人、候補者を応援する組織や個人は「選挙に行ってください」と一生懸命言っていた。与野党関係なく、真剣に選挙を戦っていた。それでもその声が響かない層が7割近くいた。つまり、「選挙に行った人」は圧倒的少数派だ。私は有権者が選挙に行きたくなるような「ワクワク感」を伝えられなかったことを反省している。

もちろん、私を救ってくれた声もある。

福山市内では「もう期日前投票に行ってきました」という30代女性に会った。広島市内で話を聞いた60代の女性は「娘と一緒に投票に行くつもり」と教えてくれた。雨の中、傘も差さずにビラを配る30代男性もいた。そうした人たちの姿には胸を打たれた。

しかし、候補者が街中で演説をしていても、興味なさそうに素通りする人が圧倒的多数だった。選挙に参加している人たちは熱いが、「それ以外の人」たちは本当に冷めていた。

選挙に行かなかった人たちに、何度でも伝えたいことがある。選挙に行かないことは、自分から遠い存在の誰かを当選させる強烈な政治行動である。

## 「なんで自民党が平気で新人候補を立てているんですか！」

再選挙に立候補した人は全部で6人いた。そのうち、私が実際に街中での活動を見ることができたのは4人。残る2人は電話で活動内容を聞くにとどまった。

私が最初に街頭演説を見たのは、元フリーアナウンサーの宮口治子《みやぐちはるこ》だ。政治団体「結集ひろしま」に所属する宮口は、立憲民主党、国民民主党、社民党から推薦を受けていた。共産党は支援を表明。宮口は事実上の野党統一候補だった。

17日午後、宮口が福山市内のショッピングセンターで演説すると聞き、広島市内からレンタカーで1時間半ほどかけて現地へと向かった。この日は朝から激しい雨だったにもかかわらず、すでに80人ほどが傘を差して宮口の到着を待っていた。

宮口治子のイメージカラーは赤。さすがは「赤ヘル軍団」の本拠地だ。聴衆は、傘、服、バンダナ、手袋など、何らかの赤いものを身につけている。そこへやってきた宮口の選挙カーは、赤い看板を載せた白のマツダ車だった。

福山市での街頭演説には、元文部科学事務次官の前川喜平《まえかわきへい》、立憲民主党の福山哲郎《ふくやまてつろう》幹事長も応援に駆けつけた。前川に続いてマイクを握った宮口は、こんな一言から演説を始めた。

「今回の再選挙！　どうして再選挙なんでしょうか！　大規模な選挙買収事件が、この広島県で起こったからです！」

まずは「政治とカネの問題」で憤る。そして、「この体質を変えなければ、第二、第三の選挙買収が起きてしまう！」と訴える。

実は宮口は選挙期間中、『週刊新潮』（２０２１年4月22日号）に取り上げられていた。記事のタイトルは「参院広島再選挙　『シングルマザー』候補に『疑惑の角隠し』写真」。同記事は地元関係者の声を紹介しつつ、6月に入籍予定だという宮口に対して「シングルマザーをことさらアピールするのはどうなのか」と疑義を呈していた。

報道の影響は、福山幹事長の応援演説から感じ取れた。福山幹事長は宮口を「素晴らしい候補」と評した際、次のように述べたのだ。

「障害を持ったお子さんを育ててこられた。働く女性としても頑張ってこられた。数年間、シングルマザーとしても頑張ってこられた」

わざわざ「数年間」と入れていた。私が宮口陣営の関係者に「週刊新潮の記事が影響しているのか」と聞くと、こんな答えが返ってきた。

「本人が記者の取材に答えてきちんと説明したから、地元では問題になっていません」

私も実際に何人かの有権者に聞いたが、「そんな記事があったんですか。知らなかった」という反応が多かった。記事を読んだという有権者も「6月に入籍予定なんて、おめでたい話じゃないですか」と逆に祝福ムードになっていた。

それよりも広島の人たちは別のことに怒っていた。

「自民党議員が買収事件に関わっていたのに、なんで自民党が平気で新人候補を立てているんですか！」

これは別の日に応援に入った立憲民主党の蓮舫《れんほう》参議院議員や枝野幸男《えだのゆきお》代表も演説で触れていた。買収事件に憤る広島県民は確実にいた。そして、この選挙の主な争点は「政治とカネ」になっていた。

## 「溝手さん一本でやっていた者として、本当に辛い」

続いて街頭演説を聞けたのは、自民党公認、公明党の推薦を受けた西田英範《にしたひでのり》だ。福山市水呑町《みのみちょう》での演説会には、開始前から200人ほどが集まっていた。

会場は地元選出の自民党県議が所有する駐車場でかなり広い。ここに萩生田光一《はぎうだこういち》文科相が応援に来るという。演説会の司会を担当していたのは広島7区選出の小林史明《こばやしふみあき》衆議院議員（岸田《きしだ》派）だ。

「私と萩生田文科大臣は東京から今日来ましたけれども、直前にちゃんとPCR検査を受けて、陰性の証明を取ってきておりますのでご安心をいただきたいと思います」

さらりと言っているが、私はひっかかった。陰性証明があればいいのなら、なぜそれを一般の人たちにも広げないのだろうか。

小林は第50代自民党青年局長を務めただけあり、マイクさばきがうまい。手際よく萩生田光一文科相を紹介すると、萩生田も滑らかな弁舌で聴衆に語りかけた。萩生田も青年局長経験者である。

「まずはお詫びから始めなくてはいけないんですが、今回の再選挙を行うにあたっては、我が党の候補者の不祥事から始まったわけです。買収事件って、昭和みたいなことをしてしまいまして、結果としてみなさんの信頼を失い、もっと言えば広島県を傷つけてしまったことになりました。これは西田さんが悪いんじゃなくて、我々自由民主党が大いに反省をしなければならないことでありまして、改めて私からもお詫び申し上げたい」

やはり、「政治とカネ」の問題は避けて通れない。萩生田が挨拶を終えて退出すると、西田英範がマイクを握った。

「一昨年の選挙において、大規模な買収事件がこの広島県で起きてしまいました」

西田もお詫びから入る。

「残念ながら、あの大規模な買収事件によりまして、この2年間、政治の空白が起きてしまいました。そして、様々な疑問が残ってしまっております。党本部からのお金ってなんだったんだろうな、とか、これはどういう経緯で買収になったんだろうな、とか、いろんな疑問があるかもしれません。私も同じ思いであります」

西田は悲痛な表情で言う。そして、「失われてしまった政治の信頼をまず取り戻したい」と訴える。

西田は見るからに人が良さそうだが、自民党の新人だ。どうしても頭から河井夫妻の事件が離れない。頑張ろうコールを取り仕切った小林も言う。

「2年前、本当に申し訳ありません。自民党議員として、本当にお詫びを申し上げたいと思います。

あの時、溝手《みぞて》（顕正《けんせい》参議院議員）さんで勝っていれば、こんなことは起こらなかっただろうし、そんな思いをみなさんにさせることはなかった。そういう意味でも私、反省をしています。もう、溝手さん一本でやっていた者として、本当に辛い。絶対にあんなことはもう二度とやりたくないと思っています」

おそらく小林は「河井夫妻と自分たちは無関係」と言いたかったのだろう。しかし、それはあくまでも自民党内の論理だ。有権者から見れば、どちらも自民党としか言いようがない。

西田は39歳。演説からは真面目さが伝わってきた。しかし、演説慣れした萩生田と小林に挟まれたため、頼りなく感じられた。

## 佐藤は叫ぶ。「介護現場や保育、医療の代表がおらんけえ！」

それでは、主要メディアにほとんど報じられなかった4人の候補者たちはどんな選挙を戦っていたのか。ここでは選挙の得票順に紹介していくことにする。

まずは2万0848票（得票率2・7％）を獲得して3位となった、佐藤周一《さとうしゅういち》（45歳）だ。

佐藤は元県庁職員で、現在は介護施設で働いている。選挙期間中も平日は毎朝1時間、介護施設で勤務してから選挙運動を続けていた。たった一人で配るビラには「お金がなくても堂々と参加できる政治を」とある。立候補に必要な供託金300万円は支援者からの寄付でまかなっていた。

選挙期間中の土曜日、佐藤は西日本豪雨（2018年7月）の被災地となった似島《にのしま》へと渡った。借り切ったタクシーの屋根にスピーカーを積み、選挙ポスターを車体に貼り付けて選挙カーにしていた。私は佐藤が似島へと向かうフェリーに乗る直前、広島港での街頭演説を取材した。

「平日は朝1時間勤務をしてから選挙運動に入る状況です。現場に人がおらんけえ！　それはなぜか？　給料が低すぎるけえ。なんで給料が低いか？　介護現場、あるいは保育、医療、そういったところの代表がいない。おらんけえですよ！」

佐藤は静かな怒りとともに立候補の理由を語り、自問自答、一問一答型の演説を続けた。

「なんでそうなるか。国会議員がタレントや高級官僚や世襲ばっかりじゃけえ。なんでそうなるのか。小選挙区制だから。そして、供託金が高いから。300万円もするから庶民は選挙に出にくい。出ても通りにくい。それこそタレントや高級官僚や世襲、そんな議員ばかりになってしまう。高級官僚が悪いとは言わん。しかし、現場感覚がない！」

介護現場で働く佐藤にしか言えない具体的なエピソードも話す。

「介護施設に厚生労働省が送ってよこした手袋。小さいのばっかりよ！　大きいのを送ってくれれば『大は小を兼ねる』で女性の方も使えるのに、その程度のこともわからない。現場を知らんのじゃけえ。だけど、そういう人たちばっかりで国会を固めたらめちゃくちゃになりますよ」

聴衆は私以外にほとんどいなかった。しかし、公園に遊びに来た家族が足を止め、佐藤の演説が終わるまで待っていた。佐藤が演説を終えると、その家族が「頑張ってください」と声をかける。佐藤は家族に謝辞を述べると、すぐにフェリー乗り場へと向かった。

「働きながらの選挙は難しいけど、やるしかない」

演説終了から数分後、佐藤は自らフェリーのチケットを買い、慌ただしくフェリーに乗り込んで似島へと向かった。

## 「投票しなくていい」と呼びかけても2％超の票が集まった山本

4位となる1万6114票（得票率2・1％）を獲得したのは、NHK受信料を支払わない方法を教える党の山本貴平《やまもとたかひら》だ。同党は衆議院に1議席、参議院に1議席を保有する国政政党である。

山本は告示日当日、広島県内で大手メディアの取材に応じたが、それ以降は広島県内でまったく活動していなかった。

広島で会おうと思って広島に行ったのに、候補者が広島にいない。私は広島から東京にいる山本に電話をして話を聞いた。

「告示日は各局を回って政見放送の収録と、原爆ドーム前で記者さんたちへの取材対応をしました。街頭演説もしていませんし、ポスターは1枚も貼っていません」

山本は再選挙に立候補した理由を「党からの指示」だと明かした。

実はこの再選挙に先立ち、同党の立花孝志党首はYouTubeで「今回は投票していただかなくてもかまいません。今回は知名度を上げるためにやっている」と明言していた。

山本自身に再選挙での目標を聞くと、こう話した。

「今まで通り、NHKのスクランブル放送を求め、悪質なNHK集金人への対応をしていきたい。今回の選挙の目標は、我々の党から前回参院選（2019年）に立候補した加陽《かよう》てるみ候補の票数（26454票・得票率2・59％）に一歩でも近づくことです」

山本は電話かけなどの選挙運動も一切行わなかった。しかし、結果的には2％を超える票を得た。党首が「投票していただかなくてもかまいません」と呼びかけても2％を超える票が集まってしまう。選挙は出てみなければわからない。そして、有権者の心もわからない。誰が誰に票を入れてもいい。それが自由な選挙である。

## 大山は広島に隣接する5県の県境で勝負する

1万3363票（得票率1・7％）で5番目の得票となった大山宏《おおやまひろし》にも会うことはかなわなかっ

た。会えなかった理由は彼の選挙戦略にあった。

「広島市とか福山市とか、大都市圏では選挙運動はしません。やるつもりがない。私に会いたいのなら、県境に来てください。県境に来ての密着は大歓迎です」

広島県は広い。大山を追って県境に行けば、他の候補をあきらめることになる。今回は時間的な制約もあり、大山に直接会うことは叶わなかった。その代わり、大山は私に何度も電話で活動報告をしてくれた。大山の声は毎回驚きにあふれていた。

「昨日は温泉に泊まったんだけど、そのホテルがふざけてるんだよ！　なんと、ホテルで新聞を取っていないっていうんだ。ホテルに泊まったビジネスマンは新聞を見てから仕事に出かけるもんでしょう？　それなのに、なんということだ！『それじゃあ、あなたは私が選挙に出ていることも知らんのか！』って聞いたら、『知らない』って言うんだ。もう、一喝したよ！」

ホテルの人を一喝!?　その後、どうしたんですか？

「私のポスターを10枚くらい渡して、『貼っとけ！』って言いましたよ！」

いきなりそんなことを言われたホテルの人は困惑しただろう。受け取るだけ受け取って、実際には貼らなかったのではないか。

「あとでホテルの近くの掲示板を見に行ったら、ちゃんと貼っとったね（笑）」

ホテルの人を一喝したのは午前6時前。激しい。しかし、大山は「こうやって草の根で運動を起こしていくんだ」と自信たっぷりに語った。かなりの手応えを感じたようだ。

大山は数日後にもまた電話をくれた。

「今、山口県境に来たんだけど、これで広島県に隣接する5県（山口、島根、鳥取、愛媛、岡山）の県境にある掲示板には全部貼ったよ。県境を越えて、すべての県に入った。県境付近にあるポスター掲示場を探して自分のポスターを貼るのが私のやり方。看板発見ゲームをやっているような感じで面白いし、地元の人は『本人が貼りに来たの？』とびっくりしてくれる。私が『とにかく選挙に行ってくれ』と言うと『頑張ってください』と激励してくれる。感動しています。こんなに選挙が楽しいとは思っていなかった！」

大山は私との電話中、電話口の向こうで誰かと話しているようだった。そこで私が「どなたか一緒に活動されているんですか？」と聞くと、嬉しそうな声で教えてくれた。

「近所に住んでいたけどずっと面識のなかった女性が、去年の11月中旬に突然現れてボランティアで手伝ってくれるようになったんだよ！　選挙用のビラは自宅のプリンターで1万枚（！）、ぜんぶ自前で印刷しているんだけど、それを手伝ってくれたり、一緒に掲示板に貼るのを手伝ってくれたりしているんだよ」

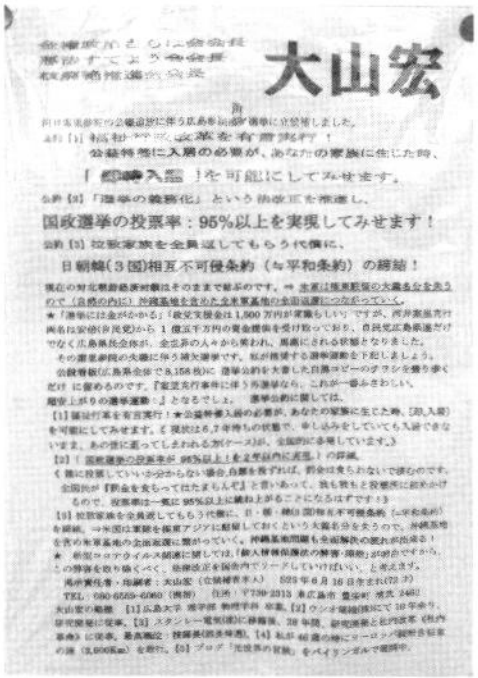


広島に隣接する５県の県境で選挙活動をする大山宏の選挙ポスター。

なんと、選挙への出馬表明をしたことで近所に同志が見つかったという。素晴らしい出会いだ。声を上げることにはちゃんと意味がある。

選挙期間中にあえて大都市部に入らない理由についてはこう話してくれた。

「大都市部にいるのは『選挙が嫌だ』という人たち。拒否する人が多いから、大都市部に入ることには意味がない。私は県境から本当の民衆を掘り起こしている。確実に草の根運動が起きていますよ」

その2日後には、「奇跡が起こった！」とこれまた興奮した様子で電話をくれた。

「見ず知らずの人から電話がかかってきて、『あんたは広島市内や呉市内に全然ポスターを貼っていないね。呉市は私が貼るから50枚でも100枚でも送れ』と言われたんだ」

それはすごい！　送ったんですか？

「『貼ってもらえるんだったら、今から持っていきます！』と言って会いに行ったよ！　そうしたら400枚近く預かってくれました！」

当初の4倍じゃないですか！

「草の根運動が燎原《りょうげん》の火のごとく広がっているのを感じています！」

大山はこの再選挙が「一騎打ち選挙」と報道されることに強い不満を持っていた。

「一騎打ち選挙じゃない。今回の選挙には6人立候補している」

まさに大山の言う通りだ。すべての立候補には理由があり、ドラマがある。

「今回の選挙を『一騎打ち選挙』って報じているマスコミは恥をかきますよ。今回の選挙は一騎打ち選挙じゃない。私、大山宏も入れた『三つ巴選挙』だよ！」

大山さん！　今回の立候補者は６人です！

## 玉田は昼の休憩時間に街頭演説をする医師

玉田憲勲《たまだのりたか》は今回の選挙で８８０６票（得票率１・１％）を得た。ポスターは一枚も貼っていないが、選挙運動をしなかったわけではない。ほぼ毎日、広島市内で街頭演説を行っていた。

玉田は広島市内でクリニックを開業している医師だ。選挙期間中も診療を続けながら、一人で選挙を戦っていた。私が広島に足を運んだのは、玉田に会いたいと思ったことも理由の一つだ。

しかし、玉田は選挙管理委員会に電話番号を届け出ていなかった。玉田のホームページからメールを送ってみたが返事はこない。広島に着いてから、実際に玉田が理事長を務めるクリニックも訪ねてみたが、その日は休診日のため不在で連絡が取れなかった。

困った。どこに行けば会えるのか。

そう思って情報を探すと、ホームページに街頭演説の予定が書かれているのを見つけた。

「毎日13時頃　八丁堀福屋前交差点付近　14時頃　紙屋町本通り入口付近　なお、４月23日は学校検診のため中止させていただきます」

驚いたことに、玉田は学校の校医も務めながら選挙に出ていた。報道がほとんどないから本当に現れるのか不安だが、それでも手がかりはこれしかない。現地に行って待つしかない。

予定時刻の1時間前から現地で待っていると、予告どおりにスピーカーを持ったサングラス姿の男性が現れた。胸と背中には「街頭演説」と書かれた黄色い標記をゼッケンのようにつけている。演説が始まる前に声をかけると、「選挙中はクリニックのお昼の休憩時間を長めに取って、その間に街頭演説をしています。街頭演説を終えたらクリニックに戻って夜まで診療します」と教えてくれた。ハードな毎日を送っていることがうかがえる。

さっそく演説を聞かせてもらうと、いきなり情報量が多くて圧倒された。

「私は政党から立候補する立候補者は『記号化』されていると思う！　記号化された立候補者にすぎないと思っています。記号化された立候補者は自分の言葉を持たない。自分の言葉で語らない。そういった人たちがたとえ国会に入ったところで、今の日本、世界、日々刻々と変わっていっている厳しい状況の中で自分の判断ができない。私はね、何一つ、こういった立候補者では何も解決できないと考えております！」

伝えたいことがたくさんあるのだと一瞬で響いた。しかし、早口だから集中して聞かないと理解のスピードが追いつかない。

「よく考えてみたらいい！　河井案里が自分で勝手に国会議員になったわけじゃない。これはね、有権者！　有権者のみなさんが彼女を選んじゃった！　犯罪者を生んじゃったんですよ！　政治責任というのは結果責任。結果責任が政治責任。再選挙の最も重大な政治責任者は有権者そのもの！　おバカなね！　おバカな有権者が今回の再選挙の最も重大な政治責任を負うものである！　したがって、今回の再選挙はおバカな有権者、おバカな有権者が最も問われている選挙！　これだけはみなさん認識していただきたい！」

有権者に対して厳しいことをはっきり言う。しかし、玉田は厳しいだけではなかった。

「人間、誰でも間違いはある。間違いはあります！　前回の選挙ではおバカなことをした。おバカだったかもしれない。しかし、今回の再選挙だけはおバカを脱却して、真の、真の有権者としての正当な選挙行為、投票行動を是非ともお願いしたい！」

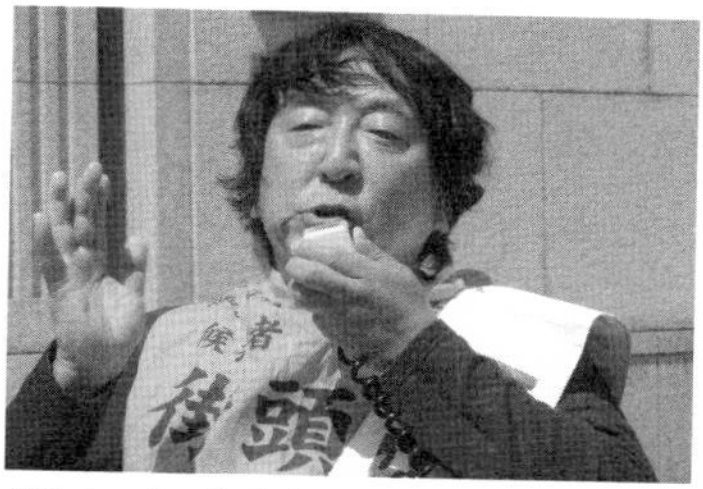
ポスターは一枚も貼っていないが、ほぼ毎日、広島市内で街頭演説を行っていた玉田憲勲。

玉田の熱い演説は40分近く続いた。最初から最後まで演説を聞いていた人は、私の他に2人いた。演説を終えると2人の女性が拍手をして「頑張ってください。今日、期日前投票で入れてきました」と玉田に声をかけた。玉田もこう応えた。

「ありがとう！　なかなか拍手もらえないんだよ！　若い方、頑張ってね。どんどん若い方が頑張らないと！　年寄りに任せちゃだめ。みんな先考えてないもん。もう自分は死んじゃうから、誰も考えない。だから若い方に頑張ってほしい。よろしく！」

そう言って2人の女性を見送った直後、玉田は私にこう言った。

「私に入れてくれたって言ってたけど、なんでだろうね？　わからない」

これが選挙の面白さだと私は思う。

この国には、今も選挙に行かない人たちが半数以上いる。もし、その人たちが投票に行ったら、簡単に結果が変わる。最初から結果がわかっている選挙など一つもないのだ。


【参議院広島県選出議員再選挙結果（得票数順　投票率33・61％）】

| | | | | |
|---|---|---|---|---|
| 当選 | 宮口　治子 | 45歳 | 370860票 | 諸派・新 |
| | 西田　英範 | 39歳 | 336924票 | 自民党・新 |
| | 佐藤　周一 | 45歳 | 20848票 | 無所属・新 |
| | 山本　貴平 | 46歳 | 16114票 | N党・新 |
| | 大山　宏 | 72歳 | 13363票 | 無所属・新 |
| | 玉田　憲勲 | 63歳 | 8806票 | 無所属・新 |

選挙漫遊記

# 12

自民党本部 12 年ぶりの推薦候補は敗戦。

投票率 6.49 ポイントアップの選挙で響いた言葉

## 静岡県知事選挙

（2021 年 6 月 20 日投開票）

## 東京往復400キロ、県内移動距離400キロ、合計800キロ

静岡県は、けっこう広い。だから「偶然、すべての候補者に出会う」ことは難しい。しかし、今回の静岡県知事選挙（6月3日告示・6月20日投開票）に立候補したのは、たった2人だ。しかも、両陣営がSNSで遊説日程を公開していた。

県知事選の選挙期間は日本の選挙の中では最も長い17日間だ。有権者が「会おう」と思えば、すべての候補者に会いに行ける。東京都民の私に選挙権はないが、告示後最初の週末となる6月5日（土）と6日（日）の2日間、静岡県にお邪魔して両候補の演説を聞いてきた。できる限り人との接触を避けるため、一人で車を運転して行った。今回は往復400キロ。静岡県内での移動距離約400キロ。合計800キロの選挙漫遊である。

朝早くに東京を出発して向かったのは、焼津市で9時から行われる現職・川勝平太《かわかつへいた》の街頭演説だ。演説会場は焼津市内のスーパーマーケット前。屋外であるため聴衆は十分な距離を取れる。私が現地に着いたときには、すでに200人近い人たちが選挙カーの到着を待ちわびていた。

私もカメラを準備して待っていると、いつの間にか隣に川勝がいてビックリした。現職知事にありがちな「仰々しさ」がない。川勝は街宣車よりも先に現地入りし、気さくに写真撮影に応じてい

た。コロナ禍だからなのか、密集した人だかりはできない。演説を聞きに来た人たちも頃合いを見計らって気軽に声をかけていた。握手はせずに肘タッチだ。

川勝が演説に立つ前には、地元・焼津市の市議会議員たちがマイクを持って応援演説をした。川勝は「大きな組織はない」と言っていたが、ちゃんと人々が聞きに来る。応援演説のマイクを握る人の中には共産党の市議もいた。

地方議員による応援演説が終わると、川勝がマイクを握った。

「大井川の清流と南アルプスの自然環境を守る」

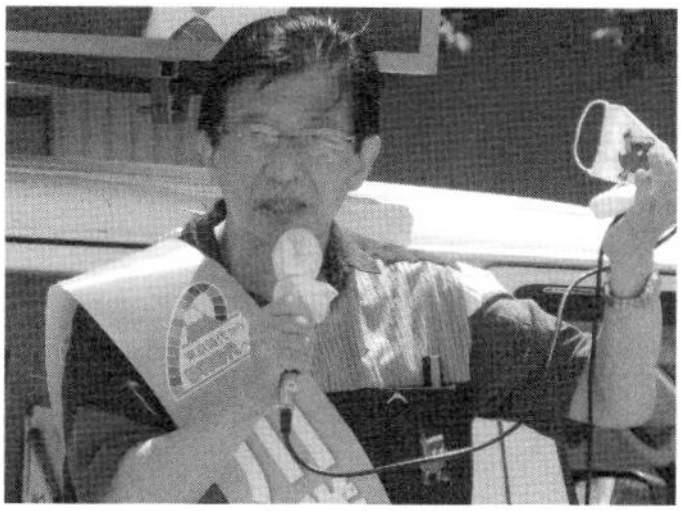
4期目の当選を目指す現職・川勝平太の街頭演説。場所によって演説内容を微妙に変える。

それがこの場所で川勝が最初に訴えたことだ。配られたビラの最初に挙げられているのは「リニア問題」。環境と経済の両立を図ることで「ＳＤＧｓのモデル県」にするという。

現在、静岡県はリニア中央新幹線の工事着工を認めていない。川勝はリニア工事に慎重と見られる人たちから支持を得ているようだ。「命の水を守れ」という旗を掲げた人たちも集まっている。

「むこうは国家権力です。お金があります。そして、利権が結びついています。南アルプスを守るということと、リニアを両立させる方法もあるはずです。しかし、今はそれを言う前に、まずは（リニア中央新幹線工事にともなう大井川の）流量、それから水質、生態系、土捨て場、監視体制、補償。こうした（県が有識者会議に求めている）47項目について議論をするとおっしゃっているので、議論をすることを約束すると私は言いました。たやすくルート変更だとか工事中止とか、何か選挙民にへつらうようなことは言いません」

私はこの日、川勝の演説を4ヶ所で聞いた（川勝はこの日、7ヶ所で演説）。大井川に近い2ヶ所での演説はリニアと水の問題を最初のテーマに持ってきた。しかし、残りの2ヶ所（島田市、浜松市）では、新型コロナ対策を最初の話題にした。

同じ候補者でも、場所によって話の組み立てが違う。演説も一度だけでなく複数回観ることで、候補者の政策をより知ることができる。

どこの場所でも、川勝は3期12年の実績を強調した。そして、「充実した選挙戦です」と胸を張った。

## 「この顔を『ゴロツキ、ヤクザ』と言う知事でございます！」

岩井茂樹《いわいしげき》は6月5日、6月6日は県西部での活動を中心に据えていた。私が最初に岩井の演説を見たのは浜松市三ヶ日町だ。会場となったスーパーマーケットの前には約300人が集まった。

私がカメラを持って歩いていると、集まった人たちが教えてくれた。

「こんな県境の近くだけど、人が集まらなかったら恥ずかしい。こっちは知事と違って組織力を見せつけなきゃいかん。そう思って、必死に声をかけたよ」

「オレも一生懸命声をかけたよ。結構集まったな」

岩井陣営は応援弁士が多彩だった。地元の県議はもちろん、国会議員が連日静岡入りして応援演説を続けていた。5日、6日の両日には、城内実《きうちみのる》衆議院議員、塩谷立《しおのやりゅう》衆議院議員、佐藤正久《さとうまさひさ》参議院議員、片山《かたやま》さつき参議院議員、上川陽子法務相、松川《まつかわ》るい防衛大臣政務官など、多彩な面々が入っていた。いずれの場所も聴衆は200～300人。とくに印象に残ったのは、かつて県議会議長を務めた鈴木《すずき》としゆき県議の演説だ。

川勝平太に挑戦する前参院議員の岩井茂樹。

「私からはただ一つ。静岡県の知事は対話のできる知事でなければいけない。これが大事なことでございます。実は私、一昨年、議長をやっておりました」

鈴木県議はそう言うと、マスクを外して聴衆に自分の顔を見せて叫んだ。

「この顔を『ゴロツキ、ヤクザ』と言う知事でございます！」

300人ほどの聴衆が爆笑した。聴衆の中からは「あの顔じゃしかたない」という声も聞こえた。それを聞いた周りの人たちがまた笑う。

鈴木県議もそれを狙っていたのかもしれないが、岩井陣営は現職・川勝知事の「言葉」を問題にしていた。

「そのような言葉を発する知事なんて、世の中にいるでしょうか。やはり、静岡県の知事はしっかりとした知事になっていただかなければいけないと思います。どんなところにもお話しするときは、しっかりとした対話。それは背中に静岡県を背負って、お話しするわけでございます。それには今の知事ではダメでございます。ぜひとも岩井茂樹に知事になっていただき、皆様の幸せのために頑張っていただきたい。それが私の願いでございます！」（鈴木県議）

岩井が今回の選挙で訴えるのは「3つの取り戻す」だという。

1つ目は「コロナ禍から県民の命を守り、安心の日常を取り戻す」。2つ目が「静岡県の稼ぐ力を取り戻す」。そして3つ目が「静岡県の品格を取り戻す」だ。岩井は4歳になる自身の娘とのエピソードを紹介しながら演説した。

「先日、娘とテレビを見ておりました。現職の知事の記者会見のような内容が流されていました。私は別に批判をするつもりはまったくありませんが、そのチャンネルを変えようと思いました。なぜかわかりますでしょうか」

岩井は聴衆にそう語りかけると、少し間を置いてから言葉をつないだ。

「言葉によって相手は嬉しいし喜ぶし、やる気が出る。一方で、言葉によって相手が傷つき、やる気を失い、もやもやした気持ちが残る。私は、まだ4歳の女の子に、今の現職の記者会見から出る言葉を聞かせたくなかったんです。これは親心です。

考えてみてください。どこかおかしい。私が知事になるとすれば、子どもたちが本当に笑顔で知事の言葉を聞いてくれるような知事になりたい！」

私はこの週末、岩井の街頭演説を4ヶ所で聞いた。しかし、岩井の口から「リニア問題」が語られることは一度もなかった。政策ビラにも「リニア」の文字はなかった。新聞やテレビでは、大きな争点として「リニア問題」が挙げられていたにもかかわらず、だ。

## 両候補とも「静岡県のために働く」。有権者はどう判断する？

今回の知事選挙に立候補している2人は、いずれも政治家として10年以上のキャリアがある。そのため演説はどちらも聴かせる。現場にいると、「なるほど」と納得してしまう。

だからこそ、私は両候補の演説を聴くことをおすすめしたい。その上で、どちらの候補がふさわしいのかを考えたほうがいい。

たとえばコロナ対策について、両候補はこのように言っている。

「コロナ対策の出口はワクチン接種しかない。7月中に高齢者へのワクチン接種を終わらせます。

静岡県は人口比率あたりの感染者が少ない県です」（川勝）

「静岡県のワクチン接種は遅れている。全国でも42番目か43番目ぐらい。私はスピード感をもって進めていく」（岩井）

同じ事象でも、言い方や角度によって受ける印象は大きく違う。一方の話だけ聞いていると、そちらの主張に飲み込まれる。だから、ぜひ両候補の演説を聞いてほしい。その上で、どちらの候補者に任せるのかを決めればいい。それができるのは静岡県の有権者だけだ。

岩井陣営が特に強調していたのは「国とのパイプ」だ。演説では必ず「国と対話ができない知事でいいんでしょうか」と訴えていた。

私は6月5日、この日の最終演説を終えた川勝にこの点を直接聞いてみた。

――岩井陣営は「国と対話ができない知事でいいのか」と言っています。その言葉にどう答えますか。

「これは自民党政権もそうですし、民主党政権のときもそうでしたけど、『地域自立』というのが基本ワードなんです。国からお金を取ってくるというのは、国に依存するっていうことでしょ。そんなパイプは私も持っていますよ！」

川勝は私の質問に激しい反応を見せた。

「たとえば伊豆縦貫自動車道を見てくださいよ。他の港湾見てください。全部、（国からのお金が）

増えてこそすれ、減っていないでしょう。国に行って頭を下げてカネを貰ってくるっていう、陣笠の方々がやっていることとは違います。私は静岡県が日本のために何ができるかという、そういう観点。地域の自立ということこそ、今の日本に求められている。忖度政治とかそういうふうに言われるのは、かえって地方にとっては恥ずかしいことじゃないでしょうかね」

どちらの候補も「静岡県のために働く」と言っていた。有権者のみなさんは後悔のない投票行動ができただろうか。

## 「川勝さんを批判していたけど、自民党の責任のほうが大きいんじゃないの？」

選挙が一番盛り上がるのは選挙戦最終盤だ。候補者の演説は熱を帯び、支援者の拍手や掛け声も大きくなる。演説の内容も終盤になればなるほど面白い。残された時間が少なくなると、相手候補に対する言葉がどんどん厳しくなっていくからだ。

最初の取材から2週間。私はもう一度静岡県に行きたくなった。序盤から激しかった戦いが、最終盤にはどうなっているのだろうかと気になった。そこで選挙運動最終日に再び静岡県を訪れた。この時ももちろん両候補の演説を見たが、選挙戦序盤とは明らかに雰囲気が違った。激烈なのだ。

たとえば選挙戦序盤、岩井茂樹は現職の川勝平太に言及する際、「知事の悪口を言うつもりはあ

城内実衆議院議員、佐藤正久、片山さつき参議院議員、上川陽子法務大臣など多彩な応援弁士が来た岩井茂樹。

りません」と必ず前置きを入れていた。しかし、選挙戦最終日に聞いた岩井の演説からは、その枕詞がすっかり消えていた。

「どうしても今の県政、川勝知事の批判になりがちです！　それは、あまりにも、あまりにも心がない言葉が多すぎる！」

岩井が川勝に言及する際、必ず触れていたのが「静岡県内のワクチン接種率が全国的に低い」という問題だ。選挙戦序盤では「全国で42番目か43番目」という表現だったが、最終日にはこう変わっていた。

「ワクチン接種率が低いことに対して、（公開討論会の場で岩井に聞かれた川勝が）『お医者さんが少ないから当たり前だ』と言ったその言葉は、私は許すことができない！　本当に目の前で皆様が苦しんでいる姿があるのに、その言葉を平気で言って切り捨てるというような優しくない県政は、私は、県民は望んでいないと思います！」

選挙は最初から最後まで見てほしい。17日間という限られた選挙期間で取り上げられる内容は、間違いなく今後の県政の課題になる。つまり、選挙が終わった後も有権者が注視すべきポイントが詰まっている。たとえあなたが政治の事情に詳しくなくても、4年に1度の選挙戦を見れば、現在の政治が抱える課題がわかる。つまり、選挙を機会に政治との関わりを始められるのだ。

もし可能ならば、候補者が語った内容についての感想を周りの人と語り合ってほしい。そこには様々な発見がある。たとえば今回、岩井の演説を聞いていた有権者の中には、こんなことを話す人もいた。

「岩井さんは自民党の参議院議員だった人で、今回は自民党本部の推薦を受けている。そもそも日本は他の国に比べてワクチン接種で大きく出遅れた。川勝さんを批判していたけど、自民党の責任のほうが大きいんじゃないの？」

演説を聞きに来た人が必ずしも支援者とは限らない。それも選挙の面白いところだ。

## 「これをやったのは誰か？　川勝平太です！」

一方の川勝平太は序盤から激しい言葉を使っていた。リニア問題に対する岩井の政策のブレを、これでもかとばかりに追及した。

川勝の演説は「まるで落語のよう」と地元の記者から言われるほど言葉の密度が濃い。もちろん最終盤の演説でも勢いは変わらなかった。

「南アルプスというのは、実は世界に知られたシンボルとしての森である。そこに生きとし生けるものが生を営んでいる。その生を支えるのが水であるということをみな知っている。そのシンボルとしての南アルプスに、なんと！　不届きにも！　10分早く行く、5分早く行くためにトンネルを掘ろうという、そういう輩がおります！」

川勝は相手候補も批判したが、その矛先はリニア建設を推進するJR東海にも向けられた。

「私は、もし、そこに（川の）流量が減ったり、水質が悪化したり、生態系が破壊されたり、あるいは、残土においてその処理を誤ったり、あるいは監視体制が不十分であった場合、どうなさいますかとJR東海の社長にテレビの前でたずねました。したらば、彼はどう答えたか。『そんなことは考えていません』と答えました！」

川勝のキャッチフレーズは「言うべきことは、はっきりと言う！」。演説はいつも長くなるため、どの会場でも陣営スタッフから「そろそろ終わってください」と止められていた。しかし、川勝は止められても決して1回ではやめない。2回、3回とスタッフがサインを送ってようやく終わる。川勝には話したいことがたくさんあるのだ。

演説では3期12年の実績を披露する場面が多く見られた。その際の決まり文句はこれだった。

「これをやったのは誰か？　川勝平太です！」

自らの実績を自ら話し、自らオチをつける。岩井からツッコミを入れられた静岡県内の医者の数についても自ら語った。

川勝は知事として仮想の医科大学である「ふじのくにバーチャルメディカルカレッジ」を創設し、奨学金を出している。この奨学金は、県内で医師として働けば返還が免除されるものだ。川勝はこうした取り組みによって県内で働く医師を増やしてきたのだと訴えた。

「全国各地からバーチャルメディカルカレッジに入学し、卒業生が増え、最初は50人、100人、200人、300人、400人。今は570数名がここ（静岡県）で働いております。知らんうちにお医者様が増えているのであります。それをやったのは誰か。川勝平太であります！」

2020年に静岡県への移住相談件数が過去最大の1万1000件となり、1398人が移住を決めたこともアピールした。

「しかも1398人のうち、81・4％が30代前後、すなわち子育て世代であります！」

川勝の演説は、選挙中に岩井が指摘してきた県政への批判に一つ一つ答えるような構成になっていた。相手候補のツッコミに自分の街頭演説で答える。選挙戦の街頭演説はリモートバトルだ。だから私は「両候補の演説を聴き比べてほしい」と言っている。

もちろん、このときの演説会場にも川勝の支援者ではない聴衆がいた。

「川勝さんって、とにかく自慢したい人なんですねえ」

受け取り方は人それぞれでかまわない。大切なのはその意思を「一票」という形で示すことだ。

## 6月20日20時。「川勝氏当選確実」が報じられた!

今回、自民党本部は岩井茂樹に推薦を出していた。選挙事務所のど真ん中には菅義偉《すがよしひで》首相からの「為書き」も飾られていた。それだけでなく、岩井の応援には、石破茂《いしばしげる》、茂木敏充《もてぎとしみつ》、稲田朋美、岸田文雄《ふみお》、林芳正《はやしよしまさ》、上川陽子など、現職閣僚や閣僚経験者が連日やってきた。

また、自民党の県議や市議だけでなく、県内自治体の首長がマイクを握って川勝県政を批判する場面も数多く見られた。「国との連携」「市町との連携」を前面に打ち出す総力戦だ。岩井陣営がSNSにアップロードした応援動画には、様々な業種、年代、属性の人だけでなく、安倍晋三前首相や河野太郎《こうのたろう》のものもあった。

岩井の街頭演説回数は150回を超えている。街頭演説場所には多くの人が動員された。自民党の力の入れ方は相当なものだった。

それでも静岡県知事選挙の結果はすぐに出た。自民党本部が12年ぶりに推薦を出した知事候補は、3期12年の実績をアピールした現職の川勝平太に勝てなかった。

6月20日(日)20時。投票箱が閉まると同時に複数のメディアが「川勝氏当選確実」と報じた。事前の情勢調査や出口調査ではっきりとした差がついていなければ出ない「ゼロ打ち」だ。

国政への不満が影響を与えた可能性もある。実際、菅内閣発足後、衆議院北海道2区補欠選挙、参議院長野補欠選挙、参議院広島再選挙、そして静岡県知事選挙と、大型選挙で自民党が推す候補は苦戦を強いられている。

今回の選挙結果を詳しく見ると、熱海市と東伊豆町では岩井の得票が川勝を上回っていた。しかし、それ以外はすべて川勝が上回った。現職の首長が岩井の応援をしたところでも川勝は勝った。最終的な結果は次の通りである。

【静岡県知事選挙結果（得票数順　投票率52・93％）】

当選　川勝平太　72歳　957239票　無所属・現

　　　岩井茂樹　53歳　624967票　無所属・新

**知事選の投票率は52・93％。前回を6・49ポイント上回った！**

投開票日の夜、川勝は静岡市内の結婚式場で「開票集会」を行った。私も会場に入る前、検温と手指の消毒を求められた。とても広い会場に設けられた椅子は、前後左右にそれぞれ2メートル以上の距離が取られていた。

ところがすぐに「当確」が出たため、開票集会は8時40分すぎに終わってしまった。会場に集った支援者たちの多くもすぐに会場を後にした。会場に残ったのは陣営スタッフと記者たちだ。

ここでも川勝の言葉は激しかった。

「ふじのくに『士民《しみん》』の勝利ですね。県民の県民による県民のための知事を選ぶのか、ある党派のエリートを選ぶのかという選挙でした。私が選ばれたわけですけれども、政策集団の自民党さんが政策を出さなかったというのは致命的でしたね。それが向こうにとっては伸びなかった要因ではないかと思っています」

川勝は選挙中、リニア問題に対する岩井のスタンスを厳しく批判していた。もともと国土交通副大臣としてリニアを推進してきた岩井が公開討論会の場で「ルート変更」や「工事中止」に言及したからだ。

「一番大きな問題は水の問題。これはリニアの問題で、これに対して（岩井は）スタンスが揺れたでしょう？　しかも、電波を通して（ルート変更、あるいは工事の中止について）繰り返して言われました。それに自民党筋からクレームがつかない」

川勝は岩井の応援に自民党の大物政治家が応援に入ったことも挙げ、こう言った。

「大物の政治家がどんどん来られる。彼（岩井）を応援しているわけ。彼は、もし知事になれば、そういう要求（ルート変更や工事中止）をなさるということですよね？　ということは、それを認めているということでしょう、自民党がね。ですから、そういう申し入れを自民党はするつもりでいる、と取るのが筋じゃないかというふうに思いまして、どういうスタンスを取られるのか、非常に楽しみにしております（ニヤリ）」

川勝は最後に余裕の笑みを見せた。選挙で勝つとは、こういうことなのだ。

そして、リニア問題の今後についてはこう語った。

「今、約束したことがあります。国交省。それはきっちり守るということで、47項目全部議論するっていうことになっているわけです。約束は守らなきゃいけない、ということに尽きますよ。

しかし、約束は守っていない実態がありますね。議事録も作っていないってことがわかったのは大変なことですよね。これから流量、水質、生態系の問題、さらに残土処理の問題に移っていくと思いますけれども、これはしっかり議論していただくとその中身がわかるじゃないですか。今の流量の全量戻しについての代替案が本当に受け入れられるかどうか。ほとんどの首長さんは疑問符を持っている。つまり、黄色信号が灯っている。次の問題について黄色信号ってなれば、青信号とは言えない。だからこれはJR東海としては、当然止めなきゃいけないでしょ。2つも3つも黄色信号が灯ったら」

静岡県知事選挙の投票率は52・93％で、前回を6・49ポイント上回った。その上での現職勝利。この結果は、国の政治判断を変える可能性を秘めている。有権者一人ひとりが持つ一票は微力でも、無力ではないのだ。

選挙漫遊記

13

この選挙でまず伝えるべき結果は

「投票に行った有権者、過半数に届かず」だ!

# 東京都議会議員選挙

(2021年7月4日投開票)

## 投票率は過去2番目の低さだった！

4年に1度の「お祭り」が終わった。

東京オリンピック・パラリンピックではない。東京都議会議員選挙だ。今回の都議選は、6月25日告示・7月4日投開票の日程で行われた。東京都知事と対等な立場で議論を戦わせる都議会議員の定数は127。その議席を決めるため、42の選挙区に271人が立候補した。

私は選挙期間中、都内各地で繰り広げられた選挙戦の現場に足を運んだ。投開票日には、多彩な候補者たちと一緒に開票速報を見守るインターネット番組を企画して配信した。

まずはすべての候補者に敬意を表し、感謝したい。当選した人も落選した人も、どこかに「公のため」という気持ちがなければ立候補できない。それぞれ表現の仕方は違っても、立候補者がいなければ選挙は成り立たない。有権者のみなさんにはこの基本を何度でも思い出してほしい。

象徴的な選挙区が小平市選挙区だ。同選挙区の定数は2だったが、2人しか立候補しなかった。そのため、「無投票」で当選が決まった。都議選での「無投票」は、58年ぶり3例目。小平市の有権者は「投票したくても投票できませんでした！」と私に教えてくれた。

ちなみに都議選告示前の6月23日、「特定患者等の郵便等を用いて行う投票方法の特例に関する法律」が施行された。この特例法により、新型コロナウイルス感染症で宿泊・自宅療養等をしている人のうち、一定の要件に該当する人は「特例郵便等投票」ができるようになった。万が一、新型コロナウイルス感染症にかかっても、郵便で安全に投票する権利が新たに保障されたのだ。

東京都議会議員選挙の投開票が終了した7月5日朝、複数の新聞が「自民党・公明党で過半数届かず」と伝えた。しかし、私は別の大問題に注目している。それは過去2番目の低さを記録した投票率だ。もし、私が新聞に見出しをつけるとしたら、「投票に行った有権者、過半数に届かず」だったと思う。

## 投票率は42・39%で、前回を8・89ポイント下回った

今回の都議選の投票率は42・39%で、前回の51・28%を8・89ポイント下回った。私は「ひとり民主主義応援団」を自称しているが、選挙の楽しさ、立候補の意味、参加することの大切さを伝えられなかった。非力な自分を恥じている。もっと多くの人が「選挙」に注目してくれるような活動を展開できていれば、こんなに低い投票率になることはなかったはずだ。

選挙は誰が出てもいい。立候補した人にはそれぞれ思いがある。現場に行けば、そこでしかわからない感動もある。私は「選挙は民主主義のお祭りだ」と伝えたくて、とくに多くのメディアから

は注目されない候補者の取材に力を入れてきた。彼・彼女たちの戦いは、一部の政治エリートよりも、私たち有権者に近いと思ってきたからだ。

私は今回も、自分で政党や政治団体を立ち上げた人、生活保護を受けながら立候補した人、街頭演説を一切せずにゴミ拾いを続けた人、政党公認候補なのに選挙中に始発から終電まで駅前で困りごと相談をした人など、多様な候補者に出会ってきた。

その中には、当選した人もいれば、落選した人もいる。得票数が少なかったために60万円の供託金を没収された人もいる。

それでも「ゼロ票」という候補者は一人も出なかった。

多くの人から責められても、支持する人は必ずどこかにいる。だから選挙に立候補したことを後悔する人はほとんどいない。必ず学びや得るものがあるからだ。すべての候補者たちは、選挙の素晴らしさを「誰か」に伝える大仕事を成し遂げている。

## 愛知県民のために行動していた現職候補がいた！

私は無所属の候補者しか取材していないと誤解されることが多い。しかし、実際には政党の公認候補者も数多く取材している。その中にはユニークな活動をしている人もいる。有権者と同じ感覚を持っている人もいる。「政党公認」だからと十把一絡《じっぱひとから》げにすることはできない。

そんな候補者の一人が、板橋区選挙区から立候補した現職・宮瀬英治《みやせえいじ》だった。

選挙期間中の7月1日、私が都議選に立候補した人たちのツイッターを幅広くチェックしていると、ひときわ目を引く宮瀬の書き込みを見つけた。

「71回目の地下鉄成増駅での始発から終電まで駅前相談会が終了。選挙区関係なく対応。特に愛知県の方と夜に1時間話しました。選挙中ですが明日昼には事務所で再び同じ方と会います。命に関わることなので。自分の選挙はいったん横におきます。すみません。」

なんだ、これは？

都議を2期8年務めた宮瀬のツイッターを遡ると、一つ前に「駅前相談会」の説明があった。宮瀬は初当選後から駅前で困りごとの相談会を開いてきたのだという。相談時間は「始発から終電まで」。ずっと駅前に座って相談者を待つ駅前相談会は、今回で71回目というから驚いた。そんな宮瀬に興味を持った私は、さっそく板橋区内に話を聞きに行った。

街頭演説場所で宮瀬がかけていたタスキには、前面に「立憲異端児」、背面には携帯電話の番号が大きくプリントされていた。なにかのセールスマンかと思うような不思議なタスキで政党の色を感じさせない。本人の色が強い。だが、もちろんこんな政党公認候補がいてもいい。

私が声をかけると、宮瀬はあらためて駅前相談会の説明をしてくれた。

「始発から終電までぶっ通しでやるのは、みなさん都合のいい時間が違うからです。朝早い人もいれば夜遅い人もいます。私が駅前にずっといれば、みなさんの都合のいい時間に相談できる。始発から終電までの駅前相談会を真似する人はけっこういますが、他の人は昼間の5時間は家に帰って寝たりしているんですよね。それじゃあ意味がない。私は本当に始発から終電までいます。丸イスを2つ置いて、ご飯もその場所で食べます。席を外すとしても10分まで。ゴミ拾いかトイレのときだけです」

宮瀬はそう言うと、これまで行ってきた駅前相談会の写真を見せてくれた。たしかに駅前に丸イスを2つ置き、そこで食事を摂る宮瀬の姿が写っていた。

ところで、きのう相談に来たという愛知県の人はどうなったのだろうか。

「きのうの相談者は愛知県の人なので票にはつながりませんが、命に関わる問題です。都民じゃないからと放っておくわけにはいきません。だから今日の昼間は選挙運動ではなく、その人と一緒に関係各所に連絡を取りました。その結果、就労支援施設につなぐことができました」

それはよかった、さぞかしその方も安心したでしょうねと言うと、宮瀬の口から驚くべき言葉が返ってきた。

「彼はいま、あそこでビラ配りを手伝ってくれています」

なんと！　私はすぐに男性にも話を聞いた。どういう経緯で相談したんですか？

「実は東京でしばらく働いていたんですがホームレス状態になってしまい、駅のトイレで寝泊まりするような生活を続けていたんです。駅だから、選挙中はいろんな政党の候補者が来て演説しますよね。誰か助けてくれそうな人はいないかと、いろんな政党、いろんな候補の演説を聞いて品定めしていました。でも、なかなか相談したいと思える人がいなかった。そこに宮瀬さんが来た。演説も何度か聞いた上で、この人なら、と思って相談したんです。そうしたら、すぐに生活保護が受けられる、就労支援にもつなげられると言ってくれて、本当に助かりました」

板橋区選挙区の宮瀬英治。タスキ前面には「立憲異端児」、背面には自身の携帯電話番号が！

男性はこれまで、某政党の選挙の手伝いを何度も経験していたという。しかし、その政党の候補者に相談しても、ここまでの対応はしてくれなかった。男性は選挙のときだけこきつかわれて、使い捨てにされた、と感じたそうだ。

「でも、宮瀬さんに会って、ようやく本物の政治家がいるんだと思いました。私は愛知県民だから宮瀬さんに投票はできないけど、某政党でビラ配りをした経験はあります。だから今日はせめてものお手伝いということでビラ配りをさせてもらっています」

人命救助に選挙区の縛りはない。そんな宮瀬は今回の選挙で3万1201票を獲得。定数5に10人が立候補した中、2位で3期目の当選を果たした。

## 票を捨てる有権者よりもゴミを拾う候補者のほうが好きだ

今回の東京都議会議員選挙を取材して感じたことがある。それは「ゴミ拾い」をする候補者や陣営がどんどん増えていることだ。

もちろんこのことを「選挙目当ての点数稼ぎだ」と批判する人もいる。しかし、私は票を捨てる有権者よりもゴミを拾う候補者のほうが好きだ。

ゴミ拾いをする候補者は、宮瀬の他にも、葛飾区選挙区から立候補した後藤輝樹（ＳＤＧｓ党）、渋谷区選挙区から立候補した込山洋（無所属・スマイル党推薦）、新宿区選挙区から立候補した木下陽介《きのしたようすけ》（全都黎明）などがいた。また、候補者本人が街頭演説をしている間、支援者がその場所のゴミ拾いをする陣営もあった。マイクの大きな音で迷惑をかけた分、地域に貢献しようという姿勢がうかがえた。今後はどの陣営でもゴミ拾いが当たり前のことになってほしい。

今回、私が名前を挙げた候補者たちは、選挙だからゴミを拾っているわけではない。選挙に関係なく、何年も前からゴミ拾いをしてきたことを私は知っている。

後藤輝樹は今回、ナスの着ぐるみを着ていたが、選挙中も誰も見ていない河川敷でゴミ拾いをしていた。着ぐるみで「ふざけた候補」と思われがちだが、確実に社会貢献をしている。

私が「なぜゴミ拾いをするのか」と後藤に聞くと、こんな答えが返ってきた。

「自分の部屋にゴミが落ちていたら嫌じゃないですか。それと同じ感覚です。自分がいる空間はきれいなほうがいい。だからゴミ拾いをしています」

込山洋も5年以上、継続的にゴミ拾いをしている。木下陽介も2年以上、新宿区内でゴミ拾いをしてきた。いずれも選挙があるからではない。自分が生きる意味を考えた末、「地域のために役立ちたい」という感情からゴミ拾いをスタートしている。

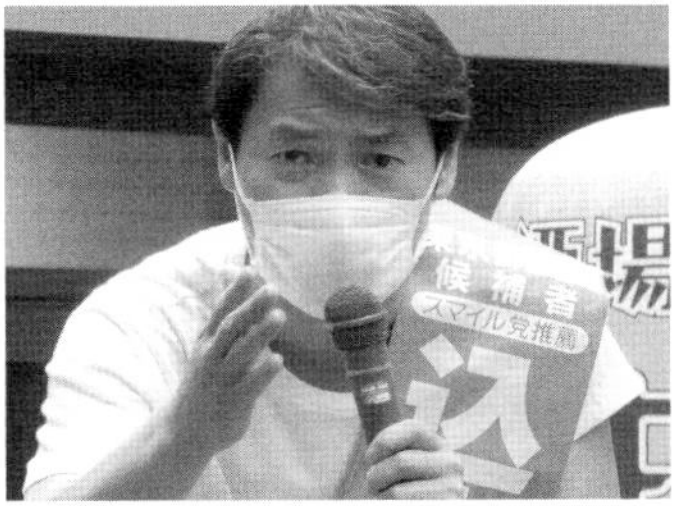

5年以上継続的にゴミ拾いをしている渋谷区選挙区の込山洋（無所属・スマイル党推薦）。

なかでも今回、木下は街頭演説を一切せずに、ひたすら選挙区内でゴミ拾いをして歩いていた。選挙運動としては極めて効率が悪い。そんな木下の活動を「選挙に出なくてもできるだろう」と批判することは簡単だ。

しかし、木下がタスキをかけてゴミ拾いをしていると、いろんな人が声をかけてくれたという。木下を見かけた有権者に、選挙があることを知らせる啓発効果は十分にあったのだ。

「タスキを見て、『そういえば選挙だね』と気づいてくれる若者や、『ありがとう』と言ってくれる年配の方がたくさんいました。私は

投票に行った人にクーポンを出すことで投票率95％を目指しています」（木下）

　投票率１００％ではない。その５％はなんなのだろうか。

「１００％はさすがに非現実的だろうと思って95％にしました。投票が義務化されている国では90％台の投票率の国も普通にあります。95％なら実現できると考えました」

　私が木下に会ったのは大雨の日だった。木下は傘も差さず、カッパを着た上からタスキをかけ、早稲田通りのゴミ拾いをしていた。この日は大きなゴミ袋3袋分をパンパンに集め、一度捨ててから4袋目に突入していた。

　ずっとゴミ拾いをしているのはつらくないのだろうか。

「つらいです！　もう、足がパンパンで！」

　まさかの即答。それなのに、なぜゴミを拾い続けるのか。

「ゴミを拾っているとみなさんが声かけてくれますし、僕自身も気持ちがいいんです。なによりも、地域に貢献している感じがするんです」

　木下は11人中10位の５２３票で落選した。60万円の供託金も没収されてしまったが、会社を辞めずに有給休暇を取って選挙に出られることを証明した。

　こうした候補者たちの奮闘がありながら、今回の都議選の投票率が低かったことはとても残念だ。

選挙漫遊記

**14**

---

20年ぶりに新人同士の激戦!

多くのメディアは5人の全候補者をしっかり伝えていた

# 兵庫県知事選挙

---

（2021年7月18日投開票）

## 「密」な状態でも律儀に「グータッチ」

「うぉ〜〜！」

「よっしゃ〜〜！」

「やった、やった、勝ったー！」

２０２１年7月18日（日）、20時。神戸市内にある齋藤元彦《さいとうもとひこ》事務所の外に集まった50人近い支援者たちが一斉に拍手をして大声を上げた。兵庫県知事選挙の投票箱が閉まると同時に、報道各社が「齋藤氏当選確実」と速報を打ったのだ。

事務所の中に入り切らない支援者たちは、事務所前の歩道で肩が触れ合うほど密集していた。全員がマスクをしていたが、新型コロナウイルス感染症が拡大して以降、久々に見る濃密で濃厚な喜びの声だった。

「勝ったで〜！　ヨシッ、ヨシッ！」

やたらと声の大きい人が、電話でも喜びの声を爆発させている。顔見知りを見つけた人同士が駆け寄って「ウェ〜イ！」とグータッチをしている。その輪はどんどん広がり、グータッチのリレーが始まった。まさに参加した者だけが味わえる「お祭り」騒ぎだった。

支援者たちは17日間にわたる選挙戦での奮闘を互いに称え合い、とても嬉しそうだった。その輪の中に、当選を確実にしたばかりの齋藤はまだいない。主役不在のまま仲間内で記念撮影が始まり、「イェ〜！」という喜びの声が夜の街にこだました。齋藤陣営の関係者以外はちょっと距離を取らざるをえないほど異様な盛り上がりだった。

しかし、これだけ「密」な状態にあっても、誰もが律儀に「グータッチ」をしていた。不思議だ。コロナ禍での正しい接触とは何かを考えさせられる。

当確直後の齋藤事務所の盛り上がり。事務所前の歩道はこのように密集していた。

齋藤事務所前の歩道は、20時前から事務所に入り切らない支援者であふれていた。私は金沢和夫《かなざわかずお》の事務所前も通ってきたが、数の上では明らかに齋藤事務所のほうが多かった。多くの人出による混乱を予想してか、齋藤事務所の前には警察官の姿もあった。そんな中、斎藤陣営の一部スタッフが淡々と歩道の交通整理をしていた。

「歩行者通りま〜す！」

「自転車通りま〜す！　道を空けてくださ〜い！」

その声を聞くと、集まった支援者たちが歩道の端に移動し、真ん中に道を作る。通りすぎる人たちは、人だかりに興味がなさそうなそぶりでそそくさと駆け抜ける。

お祭りに参加している人としていない人の温度差が激しい。参加した人たちは、ものすごく楽しそうに盛り上がっている。しかし、参加していない人たちはうつむきがちに通りすぎていくと、後ろを振り返ることもしなかった。

どこまでいっても交わらない。これが今回の兵庫県知事選挙を象徴する光景だった。

## 投票率は41・10％。前回を0・24ポイントだけ上回った

私はすっかり「選挙を楽しむ側の人間」になっている。選挙に参加して喜びを爆発させる人、敗れて悔し涙を流す人の姿を見ることに慣れている。私はそこに人間の営みや、政治に関わることの素晴らしさを感じている。だから選挙を追うことをやめられない。

しかし、世の中にはそうではない人たちがたくさんいる。今回の兵庫県知事選挙は、そのことを改めて思い出させてくれる機会となった。

投票率は41・10％で、40・86％だった前回（２０１７年）を0・24ポイント上回った。それでも参議院議員選挙と同日選挙だった前々回（２０１３年）の投票率（53・47％）には遠く及ばない。

2回連続で、6割近い人たちが選挙に行かない選択をしたということだ。

ここで私がみなさんに伝えたいことは何か。

それは積極的に選挙に参加して、コロナ禍にあっても「ウェ〜イ！」と明るく喜びを爆発させる人たちが実際の政治を動かしていくという現実だ。多くの有権者が興味を失って投票に行かなければ、積極的に政治に参加する人たちの影響力はどんどん増していく。とにかく参加しなければ、あなたの意思が政治に反映される機会は著しく減少する。これは動かしようのない事実である。

それでは、今回の兵庫県知事選挙は「面白くない選挙」「行く価値のない選挙」だったのだろうか？ 私はそうは思わない。今回の知事選挙には5期20年務めた井戸敏三《いどとしぞう》知事が出馬せず、20年ぶりに新人同士の戦いになっていたからだ。

つまり、誰もが「新人」。しかも、自民党内が齋藤陣営と金沢陣営に割れ、「保守分裂」の構図になっていた。

大阪で自民党を厳しく批判してきた日本維新の会は、今回の兵庫県知事選挙では齋藤に推薦を出した。自民党も齋藤を推薦した。

政治の世界には対立する陣営を批判する際、「選挙のために手を結んでいる。野合だ」という常套句がある。しかし、選挙に勝つためには、時としてこの言葉はどこかへ行ってしまう。選挙に勝つことが政治に影響力を持つための近道だから、極めて当然の選択だ。

一方、自民党の方針に反発した自民党の県議らは、前副知事の金沢和夫を推した。井戸敏三知事も金沢を応援した。金沢は立憲民主と国民民主の両党県連からも支援を受け、「県民党」を標榜した。

どちらも「選挙の戦い方を知っている人たち」だ。街頭演説の場所には多くの支援者が駆けつけ、手慣れた様子でビラ配りや有権者への声がけなどを行っていた。

齋藤の応援演説にやってきた日本維新の会の吉村洋文副代表（大阪府知事）は、２０１９年8月に井戸知事が公用車をトヨタの最高級車センチュリーに変更したことを持ち出して、こう叫んでいた。

「みなさんの大切な税金でセンチュリー買うような時代ではないんです！」

この演説に支援者たちは「そうだ！」という掛け声で反応する。選挙カーの半径50メートル以内はものすごく盛り上がる選挙戦だ。私のような選挙好きにとって、各陣営の奮闘は大変に見応えのあるものだった。

しかし、これはあくまでも政治に興味がある人たちの見方にすぎない。

最終的な投票率を見てもわかるように、政治にあまり興味のない人たちを積極的に投票所に向かわせることにはつながっていない。この壁を乗り越えるのは、とても難しい。

## 中川の得票率は5・6%から7・7%にアップ！

私は今回も「よそ者」として選挙を見ている。有権者よりも少し距離を置き、冷静に選挙を見ているつもりだ。そんな私から見て、今回の兵庫県知事選挙には大きな変化があった。それは現地での報道だ。

私は現地入りして兵庫県知事選挙の報道を見るたびに「おっ！」と驚かされた。それは5人の候補者がメディアに露出する機会が、従来では考えられないほど確保されていたからだ。

これまで日本のメディアでは、「主要候補」と「その他の候補」の間に明らかな露出機会の差をつけていた。ところが今回は5人の候補者にしっかりと紙面や時間が割かれていた。

私がこれまで取材してきた「政党や組織の支援を受けない候補者」たちは、選挙のたびに「報道が公平、平等ではない」という不満をよく口にしていた。しかし、今回はどの候補者からも「メディアが自分のことを取り上げてくれない」という不満を聞かなかった。これはある意味では当たり前のことだが、相当珍しいことも事実だ。

着流しの服部修の演説。「誰か話したい人いますか？」とその場の人にマイクを渡す自由な雰囲気。

今回、得票では最下位となってしまった服部修も「こんなにしっかり報道してくれてビックリしている。それは誰が勝つかわからないからじゃないですか。それだけ県民の怒りが大きくて、票の行方が読めないんだと思います」と開票前に語っていた。

やはり、報道の量は得票数にも影響を与える。メディアが最初から候補者に「差」をつけなければ、政党や組織の支援を受けない候補者にも「戦える」可能性が出てくる。有権者が、よりフラットな視線で候補者を見るからだ。

そのことを強く感じたのは、中川暢三《なかがわちょうぞう》の得票数を見たからだ。中川は完全無党派の候補だが、開票結果を詳しく見ると、自治体によっては共産党の推薦を受けた金田峰生《かねだみねお》の得票を上回っていた。しかも、今回の中川の得票数は14万5775票。4年前の知事選時から3万7000票以上も上積みし、得票率も5・6%から7・7%に伸ばしていた。

政治の世界を志した学生時代の原点を熱く語っていた金田峰生。

私は2002年の長野県知事選挙から中川を取材してきたが、当時のメディアは冷たかった。その結果、長野県知事選挙での中川の得票数は1万5255票。得票率は1・2%にとどまった。その後、中川は自分に縁のある全国各地の選挙に出たため、一部では「選挙好き」と呼ばれるようになった。しかし、本人は「選挙好きではない。選挙に出ることは苦行です」と明確に否定している。それなのに、なぜ選挙に出るのだろうか。

「有権者が積極的に政治に参加しなければ民主主義は成り立ちません。私はそのことを有権者に知ってもらいたい。その使命感で数々の選挙に出ているんです」

投票に行ったら1万円相当の「投票ポイント」を進呈する全国初の条例を制定したい、というのも中川が以前から訴えてきたユニークな政策だ。

今回も完全無党派での立候補だったが、街頭演説の現場を手伝うボランティアが10人以上いた。それぞれがのぼり旗を持ち、街角に「中川陣営」を展開した。選挙を重ねるたびに支援者がどんどん増えてきたのだという。地道な活動は必ず報われるのだ。

それでも決して組織型の選挙にしないのが中川の特徴である。参加者の裾野を広げるため、中川独自のアイデアだけでなく、支援者のアイデアや厚意もどんどん取り入れている。

オリジナルソングを歌う中川暢三。子どもを連れた若いママたちも選挙を手伝っていた。

選挙戦最終日の夕方に元町の百貨店前で行われた街頭演説を見に行くと、そこにはマイクを持って歌う中川の姿があった。午前中に三宮駅前で見た時は演説だけだったが、なんと、ここでは支援者が作ってくれたというオリジナルソングを歌っていた。

「♪さあみんなで考えよう～　子どもたちの未来を～♪」

イメージソングの曲名は『ぼくらの街』。それを中川が大音量で歌う。驚くべきことに、オリジナルソングはもう一曲用意されていた。今度は中川の政策を歌詞に織り込んだ『ちょちょちょの歌』だ。

中川がたった一人、伴奏なしのアカペラで披露すると、買い物に来ていた通行人が足を止めた。その人は遠巻きに眺めるだけだったが、兵庫県知事選挙が翌日にあることを知らせる効果は十分にあったと思われる。

## 候補者本人を直接見ると異なる印象もわかる!

どんな選挙のときでも、絶対におすすめしたいことがある。それは候補者本人を直接見ることだ。私は多くの人から「何を基準に投票したらいいですか」と聞かれるが、答えはいつも同じだ。「候補者本人を自分の目で見てほしい。できれば全候補者に会いに行ってほしい。そうすれば、誰に投票したらいいか、誰に投票すべきではないかが自然にわかる」

有権者は楽をしようとしてはいけない。投票したら何かいいことがあるのかと思ってもいけない。私たち有権者は、政治をこれ以上悪くしないために投票に行くのだ。

候補者本人を見れば、絶対に「勘」が働く。候補者を支援する人たちの振る舞いも参考になる。その時には、「自分もその輪に入りたいと思うか」と自問自答してみればいい。

幸いなことに、今は各候補者が事前に街頭活動の予定をSNSなどで発信している。ホームページには「お問い合わせ」のフォームもある。それどころか、服部修と中川暢三は選挙公報に自身の携帯電話番号をばっちり公開していた。電話をすると本人が出る。

有権者が知ろうと思えば、候補者の予定を知ることは難しくない。実際、よそ者の私でも、前日夜には各陣営の活動予定がすべてわかった。その予定を一覧にしてすり合わせれば、たった1日ですべての候補者を自分の目で確かめることができる。すべての候補者を見た上で、気になる候補を複数回見ることも可能だ。

基本的に、選挙は4年に1度しかない。その機会を逃せば、次に投票できるのは4年後だ。任期4年の知事を決める選挙なのだから、1日ぐらいは候補者めぐりに使ってもバチは当たらないだろう。実際に候補者を見れば、投票後に「失敗した」と悔やむことは格段に減る。

今回、私は実際にすべての候補者を見ることで、事前に得ていた情報とはまったく違う印象を受けた。支援者のもとに猛ダッシュで向かう金沢和夫を見て「こんなに体力がある候補者なのか」と驚いた。階段の上にいる有権者のもとには、階段を一段抜かしでぴょんぴょんと駆けつける。そして丁寧にグータッチをすると、すぐに階段を駆け下りる。若いスタッフが置いていかれるほど速い。ちょっと早口になってしまう斎藤の演説を聞いたときには、「せっかくの演説内容が聴衆の耳に届いていないのではないか。スタッフは誰もそのことを教えてあげないのか。もったいない」と残念に思うこともあった。服部修の街頭演説会場では、なぜかパンツ一丁の幼児が楽しそうに走り回っていた。それを誰も止めない。服部は「誰かマイクを持って話したい人いますか？」と言って、その場にいる人にマイクを渡していた。なにかものすごい自由を感じた。金田峰生は「学生時代にスキーバス事故で友人を亡くしました。それ以来、命と尊厳を大切にする社会を作りたいと活動を続けてきました」と、政治の世界を志した原点を熱く語っていた。

普段の生活で、いきなり他人の「核」に触れられる機会は少ない。しかし、選挙の現場では、短期間に心を揺さぶられる瞬間が何度も訪れる。

こんなに素晴らしいライブはなかなかない。だから私は選挙を旅している。

【兵庫県知事選挙結果（得票数順　投票率41・10％）】

| | | | | |
|---|---|---|---|---|
| 当選 | 斎藤　元彦 | 43歳 | 858782票 | 無所属・新 |
| | 金沢　和夫 | 65歳 | 600728票 | 無所属・新 |
| | 金田　峰生 | 55歳 | 184811票 | 無所属・新 |
| | 中川　暢三 | 65歳 | 140575票 | 無所属・新 |
| | 服部　修 | 47歳 | 46019票 | 無所属・新 |

選挙漫遊記

# 15

影の主役は菅首相。コロナ禍でも
平成以降の単独市長選で最高の投票率!

# 横浜市長選挙

（2021年8月22日投開票）

## 投票率は49・05%。前回から11・84ポイントも上昇！

その街が抱える課題を知りたければ、選挙を見に行くのが一番の近道だ。

２０２１年8月8日告示・8月22日投開票の日程で行われた横浜市長選挙は、そのことを再認識させる選挙だった。

選挙には多様な候補者が立候補する。どの候補者も「横浜の街や市民のため」に立候補する。だから一生懸命、街が抱える課題を分析し、解決への道筋を提示している。独自の提言もある。それを有権者に堂々と問うている。

政治をゼロから始めるのはハードルが高い。しかし、選挙という場を利用すれば、誰もがいきなり政治に詳しくなれる。横浜市にはＩＲ（カジノを含む統合型リゾート施設）やコロナの問題だけではなく、学校給食や水道料金値上げの問題があることもわかる。「山下ふ頭を食のパークにする」「ＩＲをやめてカーボンニュートラルの先進都市を目指す」などのアイデアにも触れられる。選挙は政治の世界に飛び込む絶好の入り口である。

私はこの選挙でも、８人の候補者すべてを追いかけた。もちろん、できるかぎり他者との接触を避けるため、移動も取材も一人。公共交通機関は利用せず、自分が運転する車で横浜の街を走り回った。ガソリンスタンドもセルフ方式の店を選んだ。

横浜市は約378万人が暮らす日本最大の政令指定都市だ。市内には18の区があり、ポスター掲示場は4716ヶ所。投票所は市内に630ヶ所設置され、選挙にかかる経費は13億円。私も検温、消毒、KF94マスク着用など、感染症対策に配慮して取材を行った。

横浜は広い。道路では渋滞もあるから移動時間が読めない。一日に会える候補者の数も限られる。「1人（私）対8人（候補）」の取材では休んでいる暇がないため、どうしても食事の時間を削る必要がある。多くの場合は食事抜きだ。

ようやく選挙取材を終えた20時すぎ。私は横浜ならではの食事を摂ろうと思い、飲食店を探した。そして、毎回絶望した。緊急事態宣言下にある横浜では、その時間まで開いている飲食店はほとんどなかったからだ。楽しみにしていた中華街のワンタン麺には間に合わなかった。せめてお土産だけでも、と思っていた、シュウマイやチャーシューも買えなかった。人影はまばらで、経済活動が大きく制限されていることを痛感した。

しかし、選挙の現場で出会った横浜市民に話を聞くと、これまで行われてきたコロナ禍での選挙とは違う答えが返ってきた。それは「いま、選挙があってよかった」という声だ。

これまで私が取材してきた選挙では、多くの有権者から「こんなときに選挙をやっている場合か」という疑問の声があった。しかし、横浜では耳にしなかった。コロナ禍が1年半以上も続いたことにより、「選挙は必ず行われる」ことが常識になっていた。むしろ横浜では、「今こそ選挙で自分たちの意思を示したい」という声が幅広い世代から聞こえてきた。

実際、今回の横浜市長選挙では、投票率が前回の２０１７年に比べて11・84ポイントも上昇している。期日前投票に行った人も増え、最終的な投票率は49・05％になった。

もちろん、まだ半数以上の有権者が投票に行っていない。しかし、外出を控えがちなコロナ禍にあって、投票率が2ケタ上がったことは特筆に値する。これは平成以降、単独で行われた市長選挙ではもっとも高い数字だった。

## 投票率を上げた立役者の一人は菅義偉首相

投票率を押し上げた要因の一つは、横浜市長選挙史上、最多となった8人の候補者だろう。まずはすべての候補者に敬意を表し、名前と肩書を並べてみたい（立候補届出順）。

太田《おおた》　正孝《まさたか》　75歳　無所属・新　元横浜市会議員
田中《たなか》　康夫《やすお》　65歳　無所属・新　元長野県知事、元衆議院議員、元参議院議員
小此木《おこのぎ》八郎《はちろう》　56歳　無所属・新　元国家公安委員長、元衆議院議員

坪倉《つぼくら》 良和《よしかず》 70歳 無所属・新 水産仲卸会社社長
福田《ふくだ》 峰之《みねゆき》 57歳 無所属・新 元内閣府副大臣、元衆議院議員
山中《やまなか》 竹春《たけはる》 48歳 無所属・新 元横浜市立大学教授
林《はやし》 文子《ふみこ》 75歳 無所属・現 横浜市長（3期）
松沢《まつざわ》 成文《しげふみ》 63歳 無所属・新 元衆議院議員、元神奈川県知事、元参議院議員

豪華な顔ぶれでうらやましい。魅力と可能性がある街には多様な候補者が立つ。

そして私は投票率を上げた立役者をもう一人挙げたいと思う。

それは衆議院神奈川県第2区（横浜市西区、南区、港南区）を地盤とする菅義偉首相だ。

菅首相はＩＲを推進する立場だが、今回の市長選挙では「ＩＲ反対」の立場で立候補した小此木八郎を「全面的かつ全力で応援する」と明言した。菅首相は小此木八郎の父である小此木彦三郎の元秘書であり、小此木八郎とは50年近い付き合いの「盟友」である。

菅首相の応援宣言は、横浜市内で配られるタウン誌『タウンニュース』の意見広告（7月29日付／企画・製作 おこのぎ八郎事務所）に掲載されたものだ。ここで菅首相自身はＩＲに言及していない。しかし、これを読んだ有権者の多くは菅首相がＩＲをあきらめるとはまったく思っていなかった。簡単に言えば、菅首相は有権者から信頼されていなかった。

このことが選挙に与えた影響は大きい。小此木は首相の応援を得たことで「当選したらＩＲ賛成に回るのではないか」と強く有権者に疑われてしまったのだ。

政治の世界では「国政選挙と地方選挙は関係がない」とよく言われる。与野党あいのりもよくある。しかし、今回の選挙は「保守分裂」と「与野党対決」が重なった。そして選挙結果を見る限り、「菅義偉政権への評価」が大きく問われた選挙になっていた。

開票結果を見ると、菅首相の地盤である西区、南区、港南区でも、山中竹春の得票が小此木の得票を大きく上回っていた。これはすごいことだ。野党にとっては、まさに「菅さんのおかげ」という選挙になっていた。

今、菅義偉首相ほど世の中から怒られている人はいない。自民党支持者からも怒られている。そのことは、下落の一途をたどる内閣支持率を見ても明らかだ。

今、一番政治に関心を持たせてくれている政治家は、菅義偉首相かもしれない。

## 20時ちょうどに「山中氏当選確実」が出た圧勝

今回の横浜市長選挙で当選したのは、「コロナの専門家」を全面に打ち出した山中竹春だ。山中は横浜市立大学医学部の元教授で、立憲民主党が推薦、社民党、共産党が支援した。これが「与党」

対「ほぼ野党」の構図を成立させることになった。

山中が獲得した票は、50万6392票（得票率33・59％）。選挙前は「候補者が多いために票が分散して、誰も当選に必要な法定得票数（有効投票総数の4分の1）をクリアできないのではないか。その場合は再選挙になるのではないか」という声もあった。しかし、実際には20時ちょうどに報道各社が「山中氏当選確実」と速報を出す圧勝だった。

山中陣営の記者会見は20時すぎにすぐ始まった。各候補者の敗北宣言も20時台に行われた。市長選挙の開票開始時刻は21時30分なのに、ほとんどのイベントが開票開始前に終わってしまった。

菅首相が応援する小此木八郎（写真右）の演説には石破茂議員も（左）。

選挙前は「ＩＲ誘致」が最大の争点になると言われていた。現職の林文子は「ＩＲ推進」。福田峰之も「ＩＲ賛成」。それに対して山中は「カジノ（バクチ）誘致を即時撤回！」と訴えていた。

しかし、立候補表明直前まで自民党神奈川県連の会長を務めていた小此木八郎が「多くの住民が反対するＩＲ誘致は完全に取りやめる」と言った時点で、ＩＲは大きな争点ではなくなった。小此木は横浜で多数を占める自民党や公明党の地方議員からも支援を受けていたからだ。それほど横浜では「ＩＲ推進」の声は小さくなっていた。

それよりも有権者が注目していたのは、「新型コロナウイルス感染症の拡大」だ。選挙期間中に横浜市内の感染者数は増加傾向となり連日1000人を超えた。有権者の多くが現在の「新型コロナウイルス対策」に不満を抱き、なんとかしてほしいと考えていた。そうした有権者の思いが新型コロナ対策で結果を出せていない菅義偉政権への批判と結びついた。

実は新型コロナウイルス対策について、各候補者間に大きな方向性の違いはなかった。山中が訴えていた「希望者へのワクチン接種の超加速化」「PCR検査や抗原検査の拡充」も複数の候補が言及している。コロナ対策については方向性が一致しているのに山中が票を集めたのは「唯一のコロナ専門家」というキャッチコピーが大きく影響したと私は思っている。なぜなら、この「コロナ専門家」というキャッチフレーズは、他の陣営から批判の対象となっていたからだ。裏を返せば「有権者に刺さるコピー」と他陣営に認識されていたということになる。小此木八郎の応援演説に立った島村大《しまむらだい》参議院議員も「コロナの専門家と言っているが、医療人ではない。データ分析の専門家なんです」とわざわざ解説を加えていた。

コロナ対策で独自のアイデアを提唱したという点では、田中康夫が目を引いた。

田中は「旧上瀬谷通信施設公園跡地に消防・救急と医療・保健のレスキュー拠点をつくる」と訴えた。また、コロナ禍で理不尽な飲食店いじめ行政が行われているとして、「カップルも家族連れも静かに飲料を含む食事を楽しむ『孤独のグルメ方式』ヨコハマ版を導入する」と提案した。山中を含めた候補者たちが「対策強化」などとざっくりした政策を訴える中、具体的な政策を提示して

長時間の演説でも聴衆の足を止めさせていた演説上手の田中康夫。

いた。

田中は街頭演説場所に到着すると、自ら有権者の間を回って政策ビラを手渡す。演説でも思い入れたっぷりに自身の政策「12の取り組み　ＹＯＫＯＨＡＭＡ２０２１」を語る。政策の説明は、具体的かつ詳細なため話が長い。しかし、合間に笑えるボヤキを入れて聴衆を飽きさせない。演説が1時間以上続いても、足を止めた人がその場を離れることはほとんどない。街宣車で移動する間のマイクも本人が握っていた。

今回、自身の言葉で政策を語った候補者を順番に並べると、田中康夫、福田峰之、松沢成文になるのではないか。いずれも国会議員経験者だ。山中は初めての挑戦ということもあり、演説には初々しさが残っていた。辛辣なベテラン記者は「演説が下手」とはっきり言っていた。

## 選挙事務所などにみたコロナ禍選挙ならではの変化

今回の選挙では、コロナ禍ならではの大きな変化も感じた。それは選挙事務所の場所だ。

通常の選挙事務所は、多くの人が立ち寄れるように、通りに面した1階に設けられることが多い。

田中康夫も元ホテルだった建物の1階を借りて選挙事務所にしていた。

しかし今回の横浜市長選挙では、ビルの高層階に事務所を置く候補者が多くいた。山中は4階、小此木は5階、林は8階、松沢は6階だ。これは室内に多くの人が集まることを避ける意味でも新しい動きだと言える。また、街頭演説場所での運動員のマスクや、ビラ配りの際の使い捨て手袋も新たな常識となっていた。

選挙事務所で画期的な取り組みをしていたのは福田峰之だ。福田は今回、「DX選挙」を標榜。リアルな選挙事務所を設置するのではなく、インターネット上に「バーチャル選挙事務所」を設置した。オンラインでの活動だけでなく、街頭演説も毎日していた。

リアルな街頭演説場所で福田に声をかけると、今回の取り組みを説明してくれた。

「従来の選挙事務所って、訪ねたことがありますか。ないでしょう。だけど、バーチャル選挙事務所は匿名でも気軽に入場OK。アバターもOK。政治家とチャットもできる。そうしたら、毎日50人ぐらいの若い人たちが訪れてくれるようになりました。こんなこと、これまでの選挙事務所では考えられなかったことです」

福田は内閣府でIT担当の副大臣を務めたこともあり、選挙事務所内での完全ペーパーレスや、選挙ポスター掲示作業時のデジタル地図活用による大幅効率化も図っていた。SNSでは言及してくれたユーザーに素早く反応。エゴサーチもして一件一件リプライをしていたようだ。YouTu beにも150本の政策動画をアップしていた。作る方も大変なら、観る方も大変だ。しかし、動画はいつでも誰でも観られるため、長い目でみれば資産になる。

「私は今回、多くの人を集める決起大会も室内集会も一度もやっていません。政治家は、まず自分たちが密にならない仕組みを作ってやらないと、誰も言うことを聞きませんよ。これまで見たことない選挙だから、いろんな人に『なにやってんだ』とも言われました。でも、DX選挙がこれからの標準になるよ」

福田の街頭演説には30人ほどの聴衆がいた。その中には年配の女性8人のグループもあった。そのうちの1人に声をかけると、85歳だと教えてくれた。やはり、ここにはインターネットを見て集まってきたのだろうか。

「いや、息子や娘はインターネットをやるけど、私はできないからね。今日はお友だちと誘い合わせて聴きに来ました。連絡手段は電話です」

松沢成文もインターネットを大いに活用した。ウェブ上では漫画を使って政策を解説。『愛は勝つ』の替え歌『シゲは勝つ』をYouTubeで披露したり、テレビ番組『全力坂』（アイドルが坂道を全力で駆け上がる）を真似して松沢が横浜市内の坂を全力で駆け上がる動画を作ったりと、様々な方法で有権者との接触を試みていた。実際の街頭演説では、元神奈川県知事としての実績を紹介。経験と実行力をアピールしていた。

太田正孝も毎日何度もツイッターで思いの丈を更新していた。実際の太田の語り口は落語のようで、聞いていて心地良いリズムがある。名刺交換をした翌日には直筆の手紙が送られてきた。さすがは市議会当選11回、40年のキャリアを持つ政治家だ。

坪倉良和は「1円も使わない選挙」を実践していた。ポスターも作らず、掲示板には1枚も貼らなかった。しかし、有権者から問い合わせがあると、一人ひとり丁寧に直接本人が対応していた。私が話を聞きたいとフェイスブックのメッセンジャーでたずねると「早い時間に会いましょう」との返信がすぐに返ってきた。何時だろう？　私が詳しい時間をたずねると「4時半がベスト」だという。午後ではない。午前4時半だ。坪倉の仕事場は横浜中央卸売市場内にある。選挙中も市場の広報活動をボランティアで引き受けているため、朝がものすごく早かった。

連絡した翌日午前4時半に市場を訪ねると、坪倉は市場で行われるセリなどを案内しながら、選挙に立候補することの素晴らしさを語ってくれた。

「私はお金をまったくかけない選挙を実践することで、これまで選挙に行っていない63％に語りかけている。立候補したことで他の候補者とのつながりができたから、選挙後も意見を直接伝えることができる。私がこのやり方でたくさん票を取れたら、新しい人たち、若い人たちが政治参加に希望を持ってくれる。コロナ禍の今は、最高のチャンス。新しいことに日々挑戦しているから、ワクワクしているよ。この選挙が終わっても政治活動は続けるつもりです」

坪倉良和の取材は早朝４時半から！　セリなど市場内も案内してくれた。

市場を一緒に歩くと、あちこちから「おう、市長」という声がかかる。坪倉が横浜市長選挙で提案した「食のパーク」は、現在、奈良県でプロジェクトが進行中だ。そこに坪倉も協力しているという。世の中には、ちゃんと見ている人がどこかにいるのだ。

「そうそう、今、ＴｉｋＴｏｋに上げた動画がバズっちゃってるんだよ」

そう言って坪倉が見せてくれたのは、坪倉がパンツ一丁の姿から徐々にスーツ姿に変身していく動画「イケおじ変身」だった。

「ＴｉｋＴｏｋでは若者への浸透を図れたらと思ってるんだ」

どの陣営もインターネットを活用していた。しかし、それが有権者に響き、実際の投票行動につながったかは不透明だ。ただし、コロナ禍の選挙では接触機会が限られる。インターネットを活用した選挙運動は不可欠なものになっている。

## 「ウソつき」は批判の範囲だが「クソババア」はいただけない

選挙戦を取材していると、候補者の多様性はもちろん、有権者の多様性にも気づく。

林文子の朝の挨拶を取材しているときには、通りすがりの女性が林に向かってこんな言葉を投げつけるシーンに遭遇した。

「ウソツキ！　クソババア！」

それでも林は顔色を変えず、駅に向かう人たちに手を振り続けた。

この女性が「ウソツキ」と言ったのには理由がある。林は前回選挙で「ＩＲは白紙」と言って当選したが、その2年後、「ＩＲ推進」に舵を切ったからだ。女性の「ウソつき」という批判は、林の変節に対する批判だと思われる。これはまだ批判の範囲かもしれない。しかし、「クソババア」はいただけない。せっかく選挙に立候補してくれた人を攻撃することは、有権者の利益にならない。

３選中という現職の強さを発揮できず敗れた林文子。

そもそも誹謗中傷で候補者を傷つける権利などない。批判は投票行動で示すのが民主主義だ。

もし、「クソババア」という罵声も我慢しろということになれば、立候補してくれる人は確実に減る。女性がなかなか立候補してくれないのも、セクハラや「票ハラ」が横行する現状を見ているからだ。これはただちに改めてほしい。候補者の多様性が担保されないのは、権利を履き違えた有権者のふるまいも一因になっている。

手を振る活動を終えた後、林はマイクを握って演説した。最初のテーマはＩＲ。「誘致することで横浜市には１０００億円の収入が入る」「カジノ部分は全体の3%」「施設の建設費は業者が出すので市の負担は一切ない」「ギャンブル依存症の心配もない」と自らの言葉で丁寧に説明した。足を止める人は少ないが、時々、「IR、やってください」という人がやってきてグータッチをする。男性もいれば女性もいる。

この日の演説会が終了した後、林は車に乗って次の演説場所へと向かった。演説会場でスピーカーを片付けていたのは、林を支援する6人の自民党市議たちだ。私はベテラン市議の1人に「先ほど林さんが罵声を浴びせられていましたね」と声をかけた。

「ああ、ウソツキ、クソババア、って言ってた女性ね。本当に困ったもんだ。お前がクソババアだろ!　って思うよ」

私は絶句するしかなかった。

選挙戦最終日に林があざみ野駅で行った演説も見に行った。すると、そこでも驚くべきシーンを目撃した。演説終了後の林に「カジノはやったほうがいい」と声をかけてきた男性の顔に見覚えがあったからだ。

「あ!　加藤さん!」

その男性は2021年3月の千葉県知事選挙に立候補した加藤健一郎だった。加藤は政見放送で「私の現在の夢は千葉県知事に当選して、小池百合子氏と結婚することです」と打ち明けて大きな話題となった人物だ。その加藤がなぜここにいるのか。

「まったくの別件で知人を訪ねて来たら、偶然、林さんの演説に出くわしたんです」

本当に選挙は何があるかわからない。

林は投開票日に行った敗戦の弁で「2年前にIR推進の記者会見をしてから反対の嵐の中で生きてきた」と言っていた。しかし、選挙で政策を説明することで、「IRやってね」という声があることを再確認したという。なんと、そのうちの1人は横浜市長選挙の選挙権を持たない加藤だった。

## 決まっている演説場所を明かさなかった山中陣営

もう一つ、今回の横浜市長選挙では特徴的な動きがあった。それは本格的な「落選運動」が展開されたことだ。一時は横浜市長選挙に出馬の意向を表明した弁護士の郷原信郎《ごうはらのぶお》が選挙には立候補せず、小此木八郎と山中竹春を名指しして落選運動を始めたのだ。とくに山中に対する落選運動は厳しかった。郷原は山中に「パワハラ疑惑」があるとして、選挙期間中に山中の音声ファイルを公開した。夕刊紙風チラシも独自に作成した。そして、推薦を出した立憲民主党には「製造者責任がある」と訴えた。

しかし、選挙中に山中陣営から疑惑についての詳細な説明や反論はなされなかった。

すると、不思議な動きが起きた。選挙戦前半は遊説日程を公開していた山中陣営が、後半戦になると「横浜市内各所を回ります！」という告知しかしなくなったのだ。私が選挙戦最終日の演説予定を聞いた時も、教えてくれなかった。電話に出た事務所の女性は「お答えしたいんですが、まったく決まっていません。本人が行きたいと言った場所に行きます」という。さすがに最終演説場所は決まっているだろうと思って聞くと「決まっていない」との答えが返ってきた。信じられない。

私がこの顛末をツイッターに書くと、それを読んだ人たちからは様々な反論があった。

「嫌がらせや妨害を避けるために予定を教えないのでは」

「しつこい妨害や嫌がらせが起きていることを取材して報じるべきだ」

もし、そんなことが本当に起きているなら大問題だ。正当な批判は許されても、選挙運動を妨害することは許されない。ますます取材する価値がある。しかし、事務所が「決まっていない」というのだから、どこに行けばいいのかわからない。

私が正面から山中事務所に予定を聞いたのには、もう一つ理由がある。それは横浜の有権者から「ぜひ山中さんの演説を聞いてみたいのに、候補者本人に直接会えない」という声を聞いたからだ。もちろん、私自身も選挙戦最終盤の演説を生で聞きたいと思っていた。

私は過去にも演説場所を明かさない候補者の演説場所を突き止めてきた。突き止めるにはいろんな方法がある。ところが今回の山中の場合、調べてみると、実はすでに最終演説場所が決まっていることがわかった。

私がツイッターに「信じられない」と書いたのは、本当は決まっているのに明かさないことが問題だと思ったからだ。妨害や嫌がらせが起きているのなら、そのことを正直に伝えて世に問うべきだ。選挙運動は妨害されない権利がある。間違っているのは妨害する側であり、候補者は堂々と表に出て主張を続ければいい。山中はたった一人で活動しているわけではなく、周囲には支援するスタッフがたくさんいる。堂々としていればいい。

選挙戦最終日の14時17分、ようやくマイク納めの場所が「19時30分~桜木町駅東口広場」であることが山中のツイッターで告知された。すでに予定を把握していた私は現場の最前列で1時間前から待っていた。19時半になると、会場には500人近い聴衆が集まった。

会場には、横浜の政財界に影響力を持つ「ハマのドン」藤木幸夫《ふじきゆきお》も現れた。藤木はIR事業誘致に反対する港湾事業者の団体「横浜港ハーバーリゾート協会」の会長だ。かつては菅義偉首相と蜜月関係にあったことでも知られる。今回、山中竹春を全面支援すると表明した藤木が、マイクを持って短く演説した。

「明日が本番ですよね。いろんな要素があった選挙です。たんなる市長選挙じゃない。あたしに言わせるとね、悪いけど、あたし個人から見ると、あたしと菅のケンカなんですよ」

藤木の言葉に聴衆から笑いが起きる。

「菅はねえ、小僧(の頃)からあたしのところにいたけど、今はねえ、ああなっちゃったけど。

あれはあたしが落ちぶれたわけじゃないんだ。あいつが騙かしてああなっただけのことだ。みなさん、このケンカであたしは負けたくないから助けてください。よろしくお願いします」

大きな拍手が巻き起こる。やはり、今回の横浜市長選挙における影の主役は菅義偉首相だった。

最終演説終了後、私は山中を追いかけた。郷原から落選運動の対象として名指しされ、音声ファイルが公開されたことを本人がどう受け止めているか聞くためだ。

「毎日毎日、市民の皆様に私の考えと政策を伝えることだけを考えて毎日活動してまいりました」

山中は公開された音声について触れなかった。

予定を公開しなくなった理由については、他の候補者との兼ね合いや天候の変化などを総合的に勘案し、「柔軟な対応ができるようにしたという次第です」と説明した。

私は最後に「選挙中に妨害や嫌がらせなどの行為はあったのか」と聞いた。山中の支援者と思われる人たちから「畠山は山中候補に対する妨害行為を取材するべきだ」という声が寄せられていたからだ。

ところが山中は明確にこう答えた。

「特にございません」

ぶら下がり取材の最後には、同じ場所にいたフリージャーナリストの田中龍作《たなかりゅうさく》が山中にこう問いかけた。

「（次週の）木曜日に週刊誌のスキャンダルが出ると言われていますが、どうですか」

すると陣営のスタッフが山中と記者の間に割って入り、取材を強制終了させた。

「それはわかりませんので、じゃあこれで」（スタッフ）

山中はスタッフに連れられてその場を後にした。

今回の横浜市長選挙で、「ほぼ野党」統一候補である山中竹春は勝利を納めた。現職の大臣を辞して立候補し、落選した小此木八郎は「政界引退」を表明した。9月3日には菅義偉首相が次期自民党総裁選挙への不出馬を表明。退陣が確実となった。野党は大きな勝利を収めたかに見える。

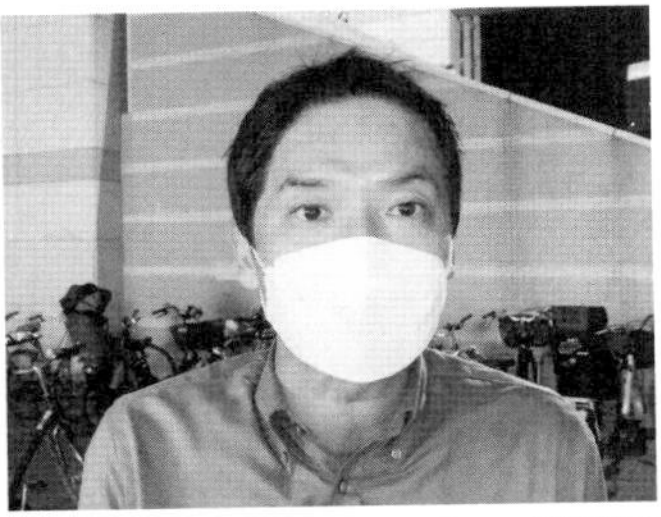
当選した山中竹春。桜木町駅前での最終演説後に私の直撃取材に答えた。

ただし、これから先に行われる選挙で野党が勢いづくとは限らない。たとえば9月5日投開票の茨城県知事選挙では、自民党・公明党・国民民主党推薦の候補者と、共産党推薦の候補者が戦った。この選挙で立憲民主党は自主投票だった。9月12日投開票の三重県知事選挙でも自民党と立憲民主党はあいのりで、共産党推薦の候補者、無所属の候補者と戦った。独自の候補者を立てられず「与党対野党」の構図を作れない選挙もある。

内閣支持率の低下は、すぐに「政権交代」に結びつくわけではない。

有権者にとって大切なのは「投票したいと思えるような候補者がいるかどうか」だからだ。

そのためにも、与野党問わず各政党には、有権者の疑問に正面から答える候補者の擁立を期待したい。疑問や批判を「妨害だ」と先回りして逃げても候補者のためにならない。大切なのは有権者に正しい情報を伝えることだ。

もちろん私は新たな無所属候補者の挑戦も心待ちにしている。


【横浜市長選挙結果（得票数順　投票率49・05％）】

| | | | | |
|---|---|---|---|---|
| 当選 | 山中　竹春 | 48歳 | 506392票 | 無所属・新 |
| | 小此木八郎 | 56歳 | 325947票 | 無所属・新 |
| | 林　文子 | 75歳 | 196926票 | 無所属・現 |
| | 田中　康夫 | 65歳 | 194713票 | 無所属・新 |
| | 松沢　成文 | 63歳 | 162206票 | 無所属・新 |
| | 福田　峰之 | 57歳 | 62455票 | 無所属・新 |
| | 太田　正孝 | 75歳 | 39802票 | 無所属・新 |
| | 坪倉　良和 | 70歳 | 19113票 | 無所属・新 |

# あとがき

「自分の一票を入れたいと思える人がいない。だから選挙には行かない」

選挙に行かない理由を聞いたとき、そんな答えが返ってくることがある。

ぜひ、一度考えてみてほしい。

立候補を特別なものにしてきたのは誰だろうか。新たな挑戦者を嘲笑してきたのは誰だろうか。

いま、世の中の多くの人が、一部の恵まれた人しか選挙に立候補できない現状を黙認している。政治家は私たちの代表であるはずなのに、立候補する人たちの属性は極めて限られている。これでは私たちと同じ感覚を持った政治家、私たちに寄り添う政治家が増えないのは当然だ。

世界一高額な供託金が象徴するように、日本社会は立候補のハードルを物理的にも心理的にも上げてきた。立候補を特別視することで、多様な候補者が出にくい社会を作ってきた。だから今でも「限られた人の限られた人による限られた人のための選挙」が続いている。「なり手不足」や「低投票率」の問題は、もとを正せば、私たち有権者の意識や行動が引き起こしたものである。

この問題を解決するためには、「選挙」というイベントに参加する人を地道に増やしていくしかない。参加者が増えていけば、新たな挑戦者も現れる。これまでにはない戦い方も生まれる。従来の政治家も緊張感を持つ。新陳代謝が進んで活性化すれば、業界のレベルは確実に上がっていく。もし、投票したいと思う人がいなければ、投票したいと思える人に立候補を働きかけよう。納得できる人がいなければ、自分が立候補しよう。それができなければ、勇気を持って立候補してくれた人の中から、「他の人よりいい」という人を探してみよう。そして、その輪を周りにも広げていこう。政党や組織の支援を受ける候補者が選挙に強いのは、これを本気でやるからだ。

選挙は一回で終わりではない。民主主義が死なない限り続く。選挙はコロナ禍でも延期されず、毎週のようにどこかで行われる。危機の時代に自分の意思を表明する機会が保障されているのは、とても幸せだ。だから選挙がある限り、決してあきらめてはいけない。

私は「民主主義の死」は見たくない。健全な民主主義に長生きしてほしいと思っている。だからこれからも「民主主義応援団」の一人として、選挙の楽しさ、素晴らしさを伝え続けたい。

「自分の一票では何も変わらない」

そんなあきらめの気持ちを抱くのは、飼いならされた人間の愚かな賢さだ。有権者一人ひとりの一票は微力かもしれないが、決して無力ではない。一票で当落が決まることだってあるからだ。思い出してほしい。この国の最高権力者はあなただ。自由に一票を投じられるあなただ。

さあ、投票に出かけよう。選挙はあなたの人生そのものだ。

## 畠山理仁（はたけやま・みちよし）

1973年愛知県生まれ。早稲田大学第一文学部在学中より取材・執筆活動を開始。日本のみならず、アメリカ、ロシア、台湾など世界中の選挙の現場を20年以上取材している。『黙殺 報じられない〝無頼系独立候補〟たちの戦い』で第15回開高健ノンフィクション賞を受賞。その他著書に『記者会見ゲリラ戦記』（扶桑社）、『領土問題、私はこう考える！』（集英社）などがある。

公式X @hatakezo
公式youtube https://www.youtube.com/user/hatakezo

ブックデザイン 國吉卓
カバーイラスト 和田ラヂヲ
写真 畠山理仁 大川豊（p171）
校正 鷗来堂
編集 宮崎幸二


# コロナ時代《じだい》の選挙漫遊記《せんきょまんゆうき》

2021年10月10日 第1刷発行
2023年10月25日 第2刷発行

著者 畠山理仁《はたけやまみちよし》
発行者 樋口尚也
発行所 株式会社 集英社
〒101-8050 東京都千代田区一ツ橋2-5-10
電話 編集部 03-3230-6143
読者係 03-3230-6080
販売部 03-3230-6393（書店専用）
印刷所 大日本印刷株式会社
製本所 株式会社ブックアート




ISBN978-4-08-788067-0 C0095